SPICKZETTEL FÜR LEHRER

AF197774

CARL-AUER

Gabriele Warkus

Lehren in Balance

Strategien gegen Stress
und für mehr Wohlbefinden
im Schulalltag

2014

Reihe »Spickzettel für Lehrer«
hrsg. von Christa Hubrig und Peter Herrmann
Reihengestaltung: Uwe Göbel und Jan Riemer
Satz: Heinrich Eiermann
Printed in Germany
Druck und Bindung: Kösel, Krugzell

Erste Auflage, 2014
ISBN 978-3-8497-0024-9
© 2014 Carl-Auer-Systeme Verlag
und Verlagsbuchhandlung GmbH, Heidelberg
Alle Rechte vorbehalten

Bibliografische Information Der Deutschen Nationalbibliothek:
Die Deutsche Nationalbibliothek verzeichnet diese Publikation
in der Deutschen Nationalbibliografie; detaillierte bibliografische
Daten sind im Internet über http://dnb.d-nb.de abrufbar.

Informationen zu unserem gesamten Programm, unseren Autoren
und zum Verlag finden Sie unter: www.carl-auer.de.

Wenn Sie Interesse an unseren monatlichen Nachrichten
aus der Vangerowstraße haben, können sie unter
http://www.carl-auer.de/newsletter den Newsletter abonnieren.

Carl-Auer Verlag GmbH
Vangerowstraße 14
69115 Heidelberg
Tel. 06221-64380
Fax 06221-643822
info@carl-auer.de

CARL-AUER

Spickzettel für Lehrer – systemisch Schule machen

»Hast du einen Spickzettel?« Diese Frage kennen wir noch aus der Schulzeit, aus der Schülerperspektive, wenn es darum ging, sich auf Prüfungen und Klassenarbeiten vorzubereiten. Wechseln wir die Rolle und Perspektive und stellen uns auf die andere Seite des Klassenzimmers, auf der die »Wissenden«, d. h. die Lehrer, stehen. Schnell wird deutlich: Bei aller Erfahrung gibt es doch erhebliche »Wissenslücken« im Umgang mit schwierigen Situationen, ob sie nun das Lernen selbst, die Schule als Organisation oder die Beziehungen und das Verhalten der Beteiligten betreffen.

Systemisch orientierte Pädagogen können sich hier ruhig und entspannt zurücklehnen, wohl wissend, dass sie selbst »Fragende« sind – Fragende bezüglich passender

Antworten auf die sich stets wandelnden und neu entstehenden Konfliktfelder in der Organisation Schule, zwischen Schülern und Lehrern, zwischen Schule und Eltern und auch mit dem politischen Umfeld von Schule.

Aus systemischer Sicht sind Schwierigkeiten immer mit Lernchancen verbunden. Wo der Blick vom Problem auf die Lösung wechselt, wo man statt hinderlicher Defizite hilfreiche Ressourcen ins Auge fasst, kommt auch die Haltung in Bewegung. Ein gut platzierter Unterschied zieht dann oft viele positive Änderungen nach sich.

Die Bücher dieser Reihe wollen Einladungen sein, sich auf diese andere Sichtweise einzulassen. Sie sollen Lehrern, Erziehern und Schulleitern Methoden und Strategien zum täglichen Handeln anbieten, die Ihnen die Arbeit – und im besten Fall: das Leben – leichter machen. Sie sind auch Rezepte, die man ausprobieren und mit eigenen Zutaten verfeinern kann.

Wir wünschen Ihnen viel Spaß beim Lesen, Erfahren und Ausprobieren!

Christa Hubrig & Peter Herrmann
Institut für systemische Lösungen in der Schule (ISIS)
www.isis-institut-koeln.de

Inhalt

Einführung

Coaching im Feld Schule

Die berufliche Tätigkeit nimmt einen großen Teil unserer Lebenszeit ein und bestimmt deshalb unsere Lebensqualität in hohem Umfang. Arbeit kann einer der befriedigendsten Aspekte des Lebens sein (Csikszentmihalyi 2012, S. 60). Ob das tatsächlich so ist, hängt sicherlich teilweise von den äußeren Bedingungen, aber auch von uns selber ab – und von der eigenen Balance, die immer neu gefunden werden möchte.

Lehrer und Lehrerinnen fühlen sich teilweise sehr belastet und finden wenig Zeit für sich selbst. So kann das (Berufs-)Leben aus der Balance geraten. Erste Warnsignale wie häufige Müdigkeit, Gleichgültigkeit oder Erschöpfung sollten wirklich ernst genommen werden (Bauer 2013). Wie können Sie als Lehrer oder Lehrerin[1] sich auf der persönlichen Ebene stärken? Wie können Sie Ihre Wirksamkeit, Gesundheit und Arbeitsfreude erhalten und steigern? Dies sind alles wichtige Fragen, denn

---

[1] Zur besseren Lesbarkeit sei im weiteren Verlauf auf die Nennung beider Geschlechter verzichtet. Wenn von »Lehrern« und anderen Personen die Rede ist, mögen sich Männer wie Frauen bitte gleichermaßen angesprochen fühlen.

Unzufriedenheit kann sehr viel Energie und kostbare Lebensqualität rauben!

Das Konzept der »School-Life-Balance« bietet Ihnen Anregungen und praktische Hilfen für den Schulalltag an: Wie können Sie angesichts hoher Anforderungen Ihren ganz individuellen Weg finden, Ihre persönliche Stärken einsetzen und mit Ihren Ressourcen sorgsam umgehen? Praktische Beispiele zeigen, wie Lehrer das Coaching individuell ganz unterschiedlich nutzen, mehr Arbeitsfreude entwickeln, Herausforderungen leichter bewältigen und Stresssymptome vermindern.

»School-Life-Balance« beschreibt Erfahrungen aus Einzel- und Teamcoachings mit Lehrern. Sie lernen Methoden kennen, die sich in der Praxis bewährt haben, und können einige auch selbst ausprobieren.

Die Persönlichkeit des Lehrers ist entscheidend für den Lernerfolg der Schüler! Sie beeinflusst die Beziehungsqualität und fördert damit maßgeblich das Lernen. Im negativen Fall hingegen blockiert sie Lernprozesse (Felten 2011; Bauer 2008, S. 53). Wenn die Persönlichkeit des Lehrers ein erheblicher Faktor im Lernprozess eines Lernenden ist, sollte dessen Stärkung und Gesunderhaltung mehr in den Fokus rücken. Die Situation stellt sich aktuell jedoch eher so dar, dass Lehrer mit hohen Anforderungen und problematischen Arbeitsbedingungen konfrontiert sind. Durch die derzeitigen Arbeitsbedingungen fühlen sich Menschen zunehmend belastet, gestresst oder erschöpft, in der Folge nehmen Krankheiten und Fehlzeiten zu (TK Gesundheitsreport 2013).

Welche Möglichkeiten bieten Schulen für Lehrer, um sie persönlich zu unterstützen und einen Ausgleich zu bewirken? Wo gibt es für Lehrer ein Ventil zur Entlastung? Dieser *Spickzettel* soll Anregungen dazu geben, eine offenere, ressourcenorientierte Perspektive einzunehmen und kollegiale Unterstützung zu initiieren. Coachingmethoden sind eine geeignete Hilfe und werden zunehmend für die Weiterentwicklung in Schulen genutzt (Bauer 2008, S. 62).

Professionelles Coaching in Schulen

Es gibt Themen, die eine externe Beratung erfordern. Ein externer Coach schaut von außen und ist nicht involviert in das System, das eine Schwierigkeit hervorbringt. Der Coach strukturiert den Prozess, schafft Offenheit, hilft bei der Entwicklung von Zielen, öffnet neue, passende Lösungswege, aktiviert Ressourcen und vermittelt Zuversicht.

Coaching selbst ausprobieren

Die im *Spickzettel* dargestellten Übungen zeigen, dass Sie als Lehrer auch selbst einiges tun können, um das Selbstmanagement zu verbessern. Zu jedem Baustein werden Übungen beschrieben, die gut alleine umsetzbar sind.

Unterstützung zwischen Lehrern

Mehr Spaß macht es, wenn Sie die Übungen zu zweit machen und eine interessierte Kollegin oder einen Kollegen dazu gewinnen können. Im Tausch können Sie die Rollen des Moderators und die des »Arbeitenden« abwechseln. Sie profitieren zusätzlich von Dialog und Feedback und gewinnen somit weitere Erkenntnisse. Trotz des »Einzelkämpfertums« vieler Lehrer höre ich immer wieder den Wunsch nach gegenseitiger Unterstützung.

Coachingkompetenzen entwickeln
und im Schulalltag einsetzen

Lösungsorientierte, systemische Methoden, die Sie kennen und nutzen lernen, können Sie in Ihrem Schulalltag einsetzen. So können Sie erfahren, wie sich Ihr neues Verhalten auswirkt – z. B. auf den Lernerfolg Ihrer Klassen. Meine These ist, dass es sich auf das Schulleben insgesamt auswirkt, wenn Menschen ihre Potenziale einbringen und mehr Arbeitsfreude erreichen.

In folgenden Bereichen spielen Coachingkompetenzen eine wichtige Rolle:

- Ausbildung von Referendaren
- Fördergespräche mit Schülern
- Elterngespräche
- Teamarbeit, Kommunikation im Kollegium

Mögliche Anlässe für ein Coaching

Was bewegt Lehrer dazu, ein Coaching zu nutzen? Welche Probleme beschreiben sie und welche Wünsche haben sie für ihre Zukunft? Die genannten Themen können drei Beratungsfeldern zugeordnet werden.

Persönliche Fragestellungen können sein:

- Wie kann ich mein Wohlbefinden in der Schule verbessern?
- Wie kann ich wieder mit mehr Herzblut unterrichten?

- Wie gehe ich mit Überlastung um?
- Wie kann ich meinem eigenen Anspruch genügen?
- Mir fehlt ein Ventil für Ärger und Frustration – was kann ich dafür tun?
- Wie spreche ich kritische Dinge, die mir persönlich wichtig sind, im Kollegium an?
- Ich sehe uns als Einzelkämpfer – wie ist mehr Zusammenarbeit möglich?
- Wie bleibe ich (bzw. werde ich wieder) gesund und tatkräftig?

Mögliche Fragen zur professionellen Entwicklung:

- Wie gehe ich mit Herausforderungen sachdienlich und professionell um?
- Wie bringe ich mein Projekt besser voran?
- Wie kann ich unser Team so leiten, dass die Verbindlichkeit erhöht wird?
- Wie gehe ich mit Veränderungen in den Klassen um (soziale Schere, Disziplinlosigkeit)?
- Wie kann ich schwierige Schüler besser fördern?
- Wie führe ich schwierige Elterngespräche souverän?

Mögliche Fragen zum weiteren Werdegang:

- Wie festige/verändere ich meine Position?

- Wie kann ich meine Entscheidungen für eine anstehende Veränderung gut treffen?
- Wie bestimme ich mein Profil als junger Lehrer/junge Lehrerin?
- Was sind die richtigen beruflichen Entscheidungen in einer aktuellen Belastungssituation?
- Wie kann es im Übergang zum Ruhestand weitergehen?

Coaching: Was ist Ihr Anliegen?

Der Coachingprozess beginnt! In einem Vorgespräch wird das Anliegen konkretisiert. Systemische Fragen beleuchten das Thema von verschiedenen Seiten. Am Ende soll ein erstes Ziel formuliert werden, das die weitere Arbeit im Coaching leiten soll.

Frau B. ist Sonderschullehrerin, die in einer Regelschule arbeitet. Coachinggespräche werden im Folgenden verkürzt wieder gegeben.

Coach: Was war Ihr Anliegen, als Sie sich für das Coaching gemeldet hatten?

Frau B.: Ich kreise mit meinen Gedanken um die Frage herum, wie es beruflich weitergehen soll. Ich habe gerade eine neue Klasse 5 als Klassenlehrerin – im Team mit zwei

Kolleginnen – übernommen. Regulär werde ich die Klasse insgesamt sechs Jahre lang begleiten. Dann bin ich 58! Ich frage mich, ob ich etwas anders machen sollte, weiß aber nicht, was das sein könnte …

Die neue Klasse fordert mich gerade wesentlich stärker … Im Team der Klassenleitung arbeite ich mit einer Regelschullehrerin und einer Integrationsfachkraft zusammen. Mir fehlen klare Strukturen. Eine Kollegin ist recht offensiv. Ich frage mich z. B., ob ich zu wenig klar sage, »das ist jetzt meine Aufgabe« oder »misch dich nicht in meine Sachen ein!« … Es sind verschiedene Gründe, es ist aber so, dass meine Energie verpufft. Ich bin sehr oft müde.

COACH: Was könnte die Überschrift über diese »kreisenden Gedanken« sein?

FRAU B.: Der springende Punkt ist, dass mir das Herzblut bei der Arbeit verloren gegangen ist. Es gibt viel Routine, viel Basisarbeit – das frisst an mir. Ich habe oft wenig Geduld, erwarte z.T., dass die Schüler einfach so funktionieren sollen, und habe dann einfach keine Lust mehr, mir noch mal und noch mal etwas Neues zu überlegen.

In der Förderschule habe ich mit viel Engagement und Enthusiasmus gearbeitet. Jetzt bin ich müde, sodass ich denke: Wäre es vielleicht gut, wenn ich mittelfristig noch einmal eine neue Aufgabe oder einen neuen Schwerpunkt finde?

COACH: Die eine Situation ist müde – die andere engagiert, enthusiastisch? – Wie zeichnet sich engagiertes Arbeiten für Sie aus?

FRAU B.: Es ist so etwas wie ein Band vorhanden, an der Spitze steht eine Idee. Ich habe eine Aufgabe, wo viele meiner Fähigkeiten zusammenfließen können, es gibt eine gute Struktur, die Zusammenarbeit mit den Kollegen macht Spaß.

COACH: Was würde Ihr Ehemann Ihnen über Ihr Anliegen sagen?

FRAU B.: Er würde sagen, dass ich ständig mit schulischen Themen beschäftigt bin, dass ich öfter bedrückt bin, wenn es mit Schülern nicht so gut läuft oder Absprachen nicht gut funktionieren. Er würde sich wünschen, dass ich besser abschalten kann.

COACH: Gab es schon einmal eine Zeit, in der Sie entlasteter waren – wie war es da?

FRAU B.: Wenn ich eine klare Linie habe, ist es anders. Auch dann ist die Arbeit anstrengend, kostet viele Nerven. Aber das alles relativiert sich: Als ich anfing mit der ersten integrativen Lerngruppe, war ich die erste Sonderschullehrerin an der Schule. Ich hatte ein klares Ziel, fühlte mich verantwortlich, musste vieles vordenken, organisieren, hatte die Fäden in der Hand. Ich war sehr konzentriert. Ich war motiviert und habe Belastungen, die es ja dabei auch in hohem Umfang gab, gar nicht so empfunden.

Coach: Welche Lösungen haben Sie selbst bereits überlegt?

Frau B.: Im vorigen Schuljahr hatte ich die Idee, mich für das Kompetenzteam zu bewerben, um andere integrative Lerngruppen zu beraten. Ich habe es aber nicht gemacht. Es waren Sachen, die nicht zusammengepasst haben …

Im nächsten Schuljahr starten die integrativen Lerngruppen zum letzten Mal, danach gibt es Inklusion. Wenn ich mich in das Kompetenzteam bewerben würde, müsste ich später über dieses neue Konzept referieren – da stehe ich nicht dahinter.

Ich bin an der Stelle erlahmt. Die Bewerbung war eine Idee. Dann dachte ich, es ist eine Überforderung. Das muss ich so akzeptieren.

Und das, was ich jetzt mache (integrative Lerngruppen), ist ein Auslaufmodell. Ich bin frustriert. Da passiert etwas auf der politischen Ebene, was ich nicht vertreten kann.

COACH: Das sind Veränderungen, die Sie betreffen, und es ist noch unsicher, wie es weitergeht … Wenn Sie jetzt zunächst an Ihre aktuelle Situation denken: Gibt es da – trotz allem – Situationen mit Herzblut?

FRAU B.: Ein Teil meines Herzblutes liegt gerade im Musikunterricht, besonders auch im therapeutischen Bereich des Musikunterrichts … Dann möchte ich im nächsten Schuljahr einen Tag freihaben. Auf der einen Seite suche ich nach neuen Zielen, auf der anderen Seite habe ich ein Bedürfnis nach Ruhe. Kann das eine Bedürfnis das andere blockieren?

COACH: Ein Konflikt der Ziele? Vielleicht haben diese beiden Ziele auch etwas gemeinsam?

FRAU B.: Ja, wenn ich mehr Zeit für mich habe, können neue Kräfte und Motivation aktiviert werden, denke ich …

COACH: Auf was macht Sie dieser Konflikt noch aufmerksam?

FRAU B.: Ich sehe einen ziemlich wichtigen Punkt: Ein Tag frei bedeutet: Ich trete einen Schritt zurück … Eigentlich will ich das nicht!

COACH: Wenn Sie jetzt noch einmal zurückschauen auf Ihr anfängliches Anliegen und das einbeziehen, was Sie in unserem Gespräch darüber erfahren haben, welche Überschrift würden Sie Ihrem Thema jetzt geben?

FRAU B.: Wo kann ich mich entlasten und wieder mehr Leichtigkeit, Freude und Humor entwickeln? Ja, das ist meine Frage! Es tut gut, einmal in Ruhe die verschiedenen Aspekte zu sehen, die damit verbunden sind.

Hintergrund

Im Vorgespräch erforschen wir das mitgebrachte Anliegen. Dadurch kann es präziser formuliert werden: »Ich weiß nicht, wie es beruflich weitergehen soll!« Am Ende ist es klarer: »Wo kann ich mich entlasten, um wieder Leichtigkeit, Freude und Humor zu entwickeln?« Insofern wäre es »falsch«, sofort nach Lösungen zu suchen. Gerade aus einer Klärung der Situation und der persönlichen Motive heraus können sich Lösungsideen entwickeln (Schmidt-Tanger 1998, S. 90): »Wenn ich ein Ziel und gute Strukturen habe, ist es anders …«, »Wenn ich mehr (Aus-)Zeit habe, können neue Kräfte aktiviert werden.«

Die Auslöser, dass Frau B. zum Coaching gekommen ist, sind Müdigkeit und Lustlosigkeit. Sie hat in der beruflichen Entwicklung einen Punkt erreicht, wo sie ins Stocken geraten und frustriert ist. Es liegt nahe, die »Schuld« in äußeren Veränderungen zu suchen. Im Coaching richten wir den Fokus auf die Optionen, wie der Einzelne

Veränderungen erreichen kann.

Lehrer berichten in solchen Situationen von ganz unterschiedlichen Symptomen als Warnsignale: Schlafschwierigkeiten, Ängste, Langeweile, Rückenschmerzen, Zerstreuungen (zu viel Fernsehen, Internet, Shoppen) oder Essstörungen. Coaching bietet dabei sehr wirksame Methoden zur Prävention einer stressbedingten Überlastung. Die Grenzen des Coachings werden im Einzelfall sorgfältig geprüft – auch, ob eventuell eine ärztliche Behandlung oder Therapie notwendig ist.

Sechs Schritte zu einer verbesserten School-Life-Balance

Zur Bearbeitung persönlicher Themen im schulischen Kontext haben sich sechs Schritte bewährt. Die lösungsorientierte Haltung wird immer wieder angeregt: Lösungsorientiert kommen Sie schneller auf den Punkt (Kindl-Beilfuß 2010, S. 38; Hubrig u. Herrmann 2010, S. 20; Bamberger 2010, S. 29 f.).

Lösungsorientierung versus Problemorientierung

DER SCHNELLSTE WEG	UMWEG ODER SACKGASSE
Der Fokus liegt auf dem Zielzustand:	Der Fokus liegt auf den Problemen, Schwierigkeiten:
»So soll es sein! Das ist wichtig für mich!«	»Das stört, das ärgert mich, das ist nicht richtig, das will ich nicht ...«

1. Schritt: Lerntreppe – Chancen erkennen

Die Lerntreppe ist ein Modell für die großen und kleinen Wende- und Veränderungspunkte in der beruflichen Entwicklung. Sie macht auf persönliche Chancen aufmerksam und motiviert dazu, sie aktiv zu nutzen.

2. Schritt: Standortanalyse

Gerade in einer Zeit des schnellen Wandels ist es wichtig, eine gute Orientierung zu haben. Da braucht es Klarheit über anstehende Herausforderungen, über persönliche Werte und Motive.

3. Schritt: Lösungsorientiert – das Ziel im Fokus

Wenn Sie ein starkes Wunschbild haben, sind Sie motiviert und fokussiert. Coaching ist »systematische Gedankenarbeit« mit Blick auf eine positive Lösung.

4. Schritt: Lösungsräume öffnen

Der Weg ist das Ziel! Was ist der erste kleine Schritt einer Veränderung, mit dem Sie gleich beginnen können? Offenheit wird angeregt für die teilweise widersprüchlichen Erfahrungen, die der neue Weg bietet.

5. Schritt: Innere Hürden nehmen

Was kann Coaching bewirken, wenn alte Denk- und Problemmuster Hindernisse darstellen, die Sie ausbremsen? Kleine Veränderungen im Denken haben große Wirkungen!

6. Schritt: Bilanzieren und reflektieren –
So bleibe ich am Ball

Zum Abschluss bilanzieren wir: So nehmen Sie Erfolge wahr und festigen Methoden, die gut funktionieren.

Und nun wünsche ich Ihnen viel Freude, reiche Anregung und viele nützliche Erkenntnisse!

1 Lerntreppe – Chancen erkennen

1.1 Wie viel Veränderung ist möglich?

Wie kann ein Erleben und Verhalten für Erwachsene überhaupt veränderbar werden? Wie können wir verhindern, dass Unzufriedenheit zur »Gewohnheit« wird? (Fischer-Epe 2010, S. 26).

Wir neigen im Allgemeinen dazu, unsere Lebensführung und Entwicklung als Folge bewusster freier Entscheidungen zu verstehen. »Ich entscheide mich für XY und dann setze ich es so um!« In Wirklichkeit jedoch schaffen wir es dann aber oft doch nicht, eine angestrebte Veränderung umzusetzen.

»Die Situation mit dem Kollegen belastet mich schon längere Zeit und es wiederholen sich die ›Zusammenstöße‹ zwischen Tür und Angel, die mir jetzt richtig unangenehm werden. Deshalb hatte ich mir vorgenommen, ihn auf die Sache anzusprechen, hatte mir Sätze zurechtgelegt, um ihm ruhig und klar meine Sicht der Dinge darzulegen, auch anzusprechen, was mich stört. Als ich dann zum verabredeten Gespräch dem Kollegen gegenübersaß, fiel ich doch wieder in

*mein altes Muster, war viel zu zaghaft und redete an
der kritischen Stelle um den heißen Brei herum. Jetzt
ärgere ich mich sehr über mich selbst und die verpasste
Gelegenheit.«*

Verhaltenssteuerung verläuft zum Teil unbewusst. Wissenschaftliche Forschungen weisen auf eine Dominanz der Emotion vor der Vernunft hin (Häusel 2005). Unser Gehirn stellt sehr feste Verknüpfungen her, entscheidet vielfach autonom über das passende Verhaltensmuster. So werden blitzschnelle Reaktionen möglich, wie sie z. B. in Gefahrensituationen als Fluchtreflex sehr nützlich sein können. Auf rationaler Ebene können wir jedoch in Situationen – wie im obigen Beispiel – zu einer ganz anderen Einschätzung in Bezug auf das »passende Verhalten« kommen.

Dazulernen und Verhaltensänderung erfordern eine bewusste Steuerung, was die Bereitschaft zur Auseinandersetzung mit lieb gewonnenen Vorstellungen und Gewohnheiten mit einschließt. Das im Folgenden dargestellte Modell der »Lerntreppe« verdeutlicht Zusammenhänge und zeigt vor allem die persönlichen Chancen, die darin liegen, solche »unangenehmen« Erfahrungen als günstige Augenblicke zu verstehen – als Weckrufe, dass man sich sich selbst zuwenden soll. Es lohnt sich herauszufinden, welche Botschaft dahinter zu verstehen ist (Fritsch 2010, Seite 19 f.).

1.2 Anstehende Entwicklungsschritte erkennen

Die Lerntreppe visualisiert die persönliche Entwicklung, die nicht linear, sondern in Stufen unterschiedlicher Höhe und Länge erfolgt. Wie bei Stufen im natürlichen Gelände sind manche Stufen leicht zu nehmen, während andere mehr Anstrengung erfordern (Fromm 2007, S. 211).

Klarheit
Souveränität

Auslöser für den nächsten
Entwicklungsschritt:
Unruhe, Ängste, negative
Gefühle

Abb. 1: Lerntreppe (Fromm 2007, S. 211)

Gerade diese Anstrengung wird – oftmals unbewusst – vermieden: Widerstände zeigen sich in Aussagen wie: »Für weitere Anstrengungen habe ich keine Zeit«, »Ich will mich nicht noch zusätzlich belasten«, »Das habe ich schon alles versucht« …

Betrachtet man die persönliche Entwicklung, dann wissen wir, dass wir immer wieder vor Situationen gestellt werden, die einen Entwicklungsschritt erfordern. Fromm nimmt diesen Punkt, an dem wir vor einer neuen »Treppenstufe« stehen, unter die Lupe: Wenn das, was wir bis dahin an Werten und Überzeugungen gewonnen haben, gegenüber dem steht, was wir in der Realität erleben, entsteht eine Spannung. Überzeugungen stehen dem »Leben« gegenüber, es entsteht Instabilität. Das Ergebnis ist eine Form von Zerrissenheit, Unsicherheit oder Unwohlsein. »Ich fühle mich orientierungslos«, »Ich bin sehr unzufrieden, weiß aber nicht, wo es langgehen könnte« oder »Ich bin total enttäuscht« sind Aussagen, die diese Form der Dichotomie widerspiegeln.

Auch positive Gefühle (Mut, Neugier, Freude) können einen Schritt nach oben auslösen, sodass wir eine neue Ebene erreichen. Ein solcher Schritt fällt leicht, und er schafft Zufriedenheit und Erfüllung. So stellt z. B. das Klavierspielen beinahe unbegrenzte Anforderungen. Mit Talent ausgestattet kann man Fortschritte machen, neue Fertigkeiten erwerben, die sich aus dem Tun heraus »wie von selbst« ergeben. Das macht Spaß! Mit den neuen Fertigkeiten können wir auf höherem Niveau musizieren.

Oder aber es gibt Anforderungen, die schwerfallen, denen wir vielleicht ausweichen wollen. Wir schauen zunächst auf diese Situationen, in denen Unlustgefühle – Ärger, Angst, Unruhe oder Verwirrung – entstehen. Unwohlsein verleitet uns tatsächlich nicht selten zu Vermeidungsverhalten, z. B. zu dem unsinnigen Versuch, die Realität an die eigenen Überzeugungen anzupassen – etwa, »dass nicht sein kann, was nicht sein darf«.

Stattdessen regt das Modell der Lerntreppe zu konstruktiven Strategien an: Wenn das reale Leben und die Überzeugungen aufeinandertreffen, sollten Widerstände, die aus bestehenden Konzepten resultieren, auf den Prüfstand gestellt werden. In dieser Auseinandersetzung kann Lebendigkeit entstehen, sodass die eigene Haltung offener und angstfreier werden kann (Kast 2010). Wenn man Widerstände überwindet und eine neue Stufe erklimmt, führt dies zur Stärkung des Wohlbefindens und des Selbstbewusstseins, was wiederum den weiteren Entwicklungsprozess unterstützt.

So kann jeder Wendepunkt als Chance genutzt werden. Dabei ist es wichtig zu erkennen, dass man selbstbestimmt damit umgehen kann:

• Nutzen Sie die Situation als Chance zur Entwicklung oder verzichten Sie auf den Wachstumsschritt und bleiben bei Ihren Routinen?

Beides ist in Ordnung. Schon die Öffnung dieser Wahlmöglichkeit schafft eine veränderte Perspektive, führt aus der Opferrolle heraus – z. B., wenn die Kommunikation mit einem Schüler scheinbar in einer Sackgasse feststeckt. Dann kann man die Situation entweder beklagen oder sich bewusst entscheiden: »Möchte ich die Situation so belassen oder möchte ich mein Verhalten ändern?« Wenn Sie Wendepunkte als Chance zur persönlichen Weiterentwicklung nutzen wollen, bietet das Modell der Lerntreppe eine Reihe von Anregungen, wie man Überzeugungen bewusst machen und infrage stellen kann:

• Wie äußert sich mein Widerstand?
• Welche Werte oder Überzeugungen stehen dahinter?

• Sind sie für die aktuelle Situation dienlich?

Das Modell regt dazu an, genauer hinzusehen und Muster zu identifizieren, die in einem bestimmten Kontext eine Entwicklungseinschränkung bewirken – wenn z. B. eine Aufgabe keine Freude mehr macht. Die Überzeugung »Ich muss hilfreich für andere sein, um anerkannt zu werden« stößt auf die Erfahrung, dass nach einem Engagement die Anerkennung ausbleibt. Das Erkennen der Überzeugung trägt zu einer veränderten, eher selbstbestimmten Haltung bei. Jetzt ist eine Entscheidung möglich: Soll diese Annahme bewahrt oder verändert werden (Rappe-Giesecke 2008, S. 70 f.)? »Ich möchte Aufgaben übernehmen, die meinen Kompetenzen entsprechen und zu denen ich Lust habe. Das nützt auch meinem Team.« Dieser Satz kann ein neues Verhalten leiten (vgl. Kap. 4).

Darüber hinaus bietet das Modell die Anregung, sich erfolgreich bewältigte Veränderungen in der Vergangenheit und die daraus gewonnenen Kompetenzen und Ressourcen ins Bewusstsein zu holen: Welche Herausforderungen habe ich während meiner Berufstätigkeit bereits gemeistert? Diese Kompetenzen kann ich auch in aktuellen und zukünftigen Situationen einsetzen.

Übung: Nutzen Sie das Modell der Lerntreppe, um über Ihre persönliche Lerngeschichte zu reflektieren.

In welcher Phase meiner beruflichen Entwicklung habe ich besonders viele Veränderungen erlebt?

• Was war die schwierigste Veränderung?

• Was war die schönste Veränderung?

• Welche Kompetenzen habe ich, mit Veränderungen umzugehen und schwierige Situationen zu meistern?

1.3 Chancen für mehr Flow im Beruf und im Leben

Während der Phasen, in denen wir Freude daran hatten dazuzulernen, können wir »Flow« erleben. Wir entwickeln uns weiter, erreichen persönliches Wachstum und das macht zufrieden und glücklich. Mihaly Csikszentmihalyi erforscht, welche Bedingungen förderlich sind und wie wir die Stufen leichter und mit mehr Freude erklimmen können. »Das Glück am Arbeitsplatz ist wichtiger als sechs Richtige im Lotto«, behauptet er (Csikszentmihalyi 2012, S. 56). Wie kann es gelingen zu »brennen«, ohne auszubrennen? Wie kann das Unterrichten, das zwar Routinen und Widrigkeiten enthält, auch vom frischen Geist inspiriert sein (Kaltwasser 2010, S. 19)?

Wir haben relativ schnell genug von einer Arbeit, wenn die damit verbundenen Anforderungen immer gleich sind. Wir langweilen uns, werden müde. Menschen, die ihr Engagement auf einem minimalen Stand halten, bringen sich selbst um die Chance, »Flow« in ihrer Arbeit zu finden. Stellen Sie sich vor, Sie haben gelernt, einfache Stücke auf dem Klavier zu spielen. Dann befriedigt es Sie auf die Dauer sicherlich nicht, diese immer und immer wieder genau gleich zu spielen. An diesem Punkt bieten sich nun mehrere Möglichkeiten an: Man kann lernen, die einfachen Stücke besser zu spielen, oder man kann sich ein schwierigeres Stück vornehmen. Dann wird uns das Spielen wieder ganz einnehmen, bis wir an die nächste Stufe gelangen. In solchen Momenten schwindet die Trennung zwischen Person und Tun: Wir vergessen die Zeit, die Anstrengung macht Spaß und Lernen gelingt leicht.

»Flow« tritt ein, wenn sowohl die Anforderungen als auch das Handlungspotenzial hoch sind und beide in einem ausgewogenen Verhältnis zueinander stehen« (Csikszentmihalyi 2012, S. 65).

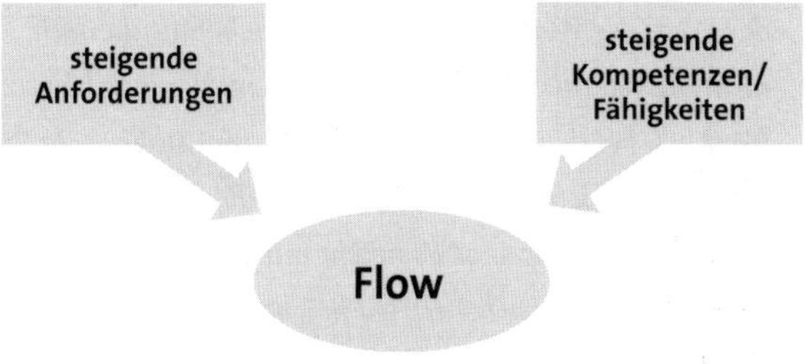

Abb. 2: Bedingungen für Flow

Eine Pfarrerin, die als Religionslehrerin in Gymnasien arbeitet, sagt in einem Coaching über ihren Wunsch nach Weiterentwicklung:

> *Ich bin 55 Jahre alt, zehn Berufsjahre liegen jetzt noch vor mir. Ich bin fest etabliert als Religionslehrerin, wie ich meinen Beruf mache ... Ich kann mich z. B. nicht für eine Klassenleitung bewerben. Auch kommen die Beförderungsstellen für mich nicht infrage. Karriere im üblichen Sinne ist mir verschlossen. Deshalb hatte ich mich als Beratungslehrerin qualifiziert und damit einen neuen Bereich aufgebaut. ... Diese Tätigkeit läuft viel über Vertrauen, sodass Kollegen sagen, da schicke ich gern Schüler hin. Und das ist für mich*

der Weg (der Weiterentwicklung). … Ich habe da noch nicht ausgelernt. Ich werde schon mal mit Dingen konfrontiert, bei denen ich an meine Grenzen stoße … Ja, da gibt es Spielraum, z. B. durch die Frage, was sind richtig gute Methoden? Es macht mir z. B. auch Spaß, supervisorisch zu arbeiten. Da möchte ich weiter überlegen. Was kann ich noch aufbauen? … Ich möchte, dass ich mir klarer werde über meine Möglichkeiten. Ich möchte mich wieder fokussieren …«

Weiterentwicklung kann sowohl in neuen Bereichen erfolgen als auch darin, in bestehenden Bereichen die Komplexität zu erhöhen. Durch das Eindringen in eine tiefere Struktur werden neue Herausforderungen bei »alten« Aufgaben wahrgenommen. Die Qualität kann dann verbessert werden.

Wenn Schulen ihren Auftrag – Lernen zu fördern – verwirklichen wollen, sollten sie nicht gerade darauf Wert legen? Das wäre eine Entwicklungsaufgabe für das Personalmanagement der Organisationen (Csikszentmihalyi 2012, S. 142; Buhren u. Rolff 2009, S. 97 f.).

2 Standortanalyse

2.1 Auf die Persönlichkeit kommt es an!

Die Standortanalyse bietet Ihnen einen Baustein, wie Sie sich mit aktuellen Herausforderungen auseinandersetzen und die persönliche Lerngeschichte, Werte und Motive einmal bewusst anschauen können. Daraus entstehen Impulse, um zu einer persönlichen Weiterentwicklung zu kommen, die zu den eigenen Kompetenzen und Werten passt.

Gerade weil Lehrer in ihrer Persönlichkeit stark gefordert sind, zeigt sich in den Beratungen häufig das Bedürfnis, einen besseren Zugang zu den eigenen Werten und zur eigenen Identität zu erhalten.

»Ich merke, dass ich im Laufe der Jahre immer stärker angepasst arbeite und den Zugang dazu verloren habe: Was ist wirklich meins? Wie kann ich wieder dahin zurückfinden?«

»… jedenfalls möchte ich für die Lösung meiner aktuellen Themen genauer hinschauen, was für mich in meiner Situation die wirklich wesentlichen Entwicklungsschritte sind.«

2.2 Neue Herausforderungen und ihre Bewertung

Vielfältige gesellschafts- und bildungspolitische Veränderungen prägen die Arbeitssituation und die beruflichen Herausforderungen von Lehrern. Daraus ergeben sich immer wieder neue Bedingungen, die eine Auseinandersetzung erfordern (Biermann 2007, S. 58). Die folgenden Punkte spiegeln beispielhaft Veränderungen wider, wie sie in Beratungssituationen genannt werden:

- Veränderte bildungspolitische Konzepte (z. B. Inklusion)
- Entwicklungen der Neuen Medien (Schüler haben Interessen und Bezugswelten, die Lehrer nicht kennen.)
- Die soziale Schere und Veränderungen in den Elternhäusern (Schüler bringen sehr unterschiedliche Voraussetzungen mit; es gibt zunehmend Schwierigkeiten, im Unterricht allen gerecht zu werden.)
- Konflikte und Belastungen, mit denen sich Lehrer alleingelassen fühlen

Man muss immer wieder die Balance zwischen den Anforderungen der Außenwelt und den eigenen Bedürfnissen und Kompetenzen finden. Veränderungen werden individuell sehr unterschiedlich bewertet. Ausgangspunkt ist eine Reflexion über die Veränderungen und deren subjektive Bewertung (Hubrig u. Herrmann 2010, S. 138).

Übung: Leitfragen unterstützen den Umgang mit Veränderungen und deren Bewertung

- Welche Veränderungen – und welche konkreten Ereignisse – sind für mich relevant?

- Wie bewerte ich diese Veränderungen?

- Wie werden sie von anderen Beteiligten bewertet?

- Stimmen die Bewertungen (mit meinen) überein?

- Welche (bewussten oder unbewussten) Maßstäbe stehen hinter diesen Bewertungen?

2.3 Veränderungen im beruflichen Lebenslauf

Auch im persönlichen Feld gehört Veränderung zur Normalität. An welcher Stelle des beruflichen Lebenslaufs stehe ich? Welche Entwicklungsschritte stehen an? Das Phasenmodell von Edgar Schein gibt Anregungen, die aktuelle Situation in einem größeren Zusammenhang zu sehen: als eine Station im Lebenslauf – zwischen Vergangenheit und Zukunft.

Phase 1   WACHSEN, FANTASIEREN UND ERKENNEN
Jugend, vage Vorstellung vom Beruf

Phase 2   LERNEN UND BERUFSAUSBILDUNG
Berufsentscheidung, unterschiedlich aufwendiger
Prozess, Aneignung von Wissen und Kompetenzen,
konkretere berufliche Ziele zeichnen sich ab

Phase 3   EINTRITT INS BERUFSLEBEN
Realität am Arbeitsplatz und persönliche Reaktionen darauf
(z. B. Bestätigung, Enttäuschung, Ehrgeiz, De-
motivation)

Phase 4   BERUFLICHE SOZIALISATION
Kompetenzentwicklung, Entwicklung von Routinen,
Entscheidung, im Beruf zu bleiben oder sich zu
verändern,
Vorstellungen vom eigenen Werdegang oder von
persönlichen Schwerpunkten zeichnen sich ab

Phase 5   AKZEPTANZ
Gefühl der Zugehörigkeit zur Profession und
Organisation,
Bestätigung bekommen als vollwertiges Mitglied

Phase 6   ZUGEHÖRIGKEIT
Mehr Verantwortungsübernahme, Einfluss und
Macht;
Signale, ob jemand dauerhaft dazu gehört

Phase 7	KRISE DER MITTLEREN JAHRE
	Sinnfragen, Bestätigung der alten Ziele oder Finden von neuen Zielen, neue Orientierungen
Phase 8	SCHWUNG ERHALTEN, WIEDER GEWINNEN ODER AUSKLINGEN LASSEN
	Andere Balance zwischen Beruf und Privatem, neue Arbeitsfelder und/oder ausklingen lassen
Phase 9	LOSLÖSUNG
	Einen Gang zurück schalten, sich mit dem Ruhestand beschäftigen
	Frühzeitiger Ruhestand, um noch eine zweite Karriere zu machen
Phase 10	RUHESTAND
	Andere Engagements, für manche auch eine traumatische Situation

Abb. 3: Modell beruflicher Karrierephasen (nach Schein 1994, Seite 227)

Welche Wünsche haben junge Lehrer für ihre weitere berufliche Entwicklung? So äußern sich Lehrer und Lehrerinnen in den ersten fünf Jahren nach ihrem Berufseinstieg:

>*Durch das Referendariat fühle ich mich recht gut für die Praxis gerüstet.*« »*Ich freue mich zunächst auf die Phase der ›Akzeptanz‹!*«

Herausforderungen der aktuellen Phase werden so be-schrieben: »*Im Referendariat hat man für jede gute Idee ein Lob, eine gute Note usw. bekommen. Im Job selbst werden gute Ideen, Engagement usw. wenig positiv wahrgenommen. Man bekommt eher negative Dinge gespiegelt als positive (von Eltern- und Schüler-seite). Das ist für mich persönlich das größte Problem. Die Aufgabe dabei, nicht die Motivation zu verlieren und trotzdem seine Arbeit mit Liebe zu gestalten, ist zurzeit meine größte Herausforderung.*«

Befürchtungen für die weitere Entwicklung sind u. a.: »*Wie ich mich selbst kenne, wird Phase 7 noch ein-mal eine richtige Herausforderung. Wie es für meine Generation typisch ist, kann ich mir sehr gut auch noch einmal eine komplette Veränderung vorstellen, um Stillstand zu vermeiden. Die Befürchtung, dass ich mich zu festgefahren in alten Routinen empfinde, be-steht durchaus.*«

Was möchten Sie erreichen, sodass Sie sagen können, dann werde ich vollauf zufrieden sein? Wünsche für die berufliche Entwicklung sind sehr konkret:

»Hohe Akzeptanz der eigenen Arbeit in Schüler- und

Elternschaft sowie im Kollegium

Entwicklung von Routinen zur persönlichen Entlastung

Auf dem aktuellen Stand sein (Unterricht, Didaktik, Schulentwicklung)«

Übung: Leitfragen zur beruflichen Entwicklung

Nutzen Sie das Modell von Edgar Schein und beantworten Sie folgende Fragen:

- Wo stehen Sie jetzt in Ihrer beruflichen Entwicklung?
- Stellen Sie sich vor, Sie sind 75 Jahre alt und blicken auf Ihre berufliche Entwicklung zurück – wie würden Sie aus dieser Perspektive Ihre jetzige Situation sehen?
- Welche Wünsche für die weitere Entwicklung haben Sie, wenn Sie an die kommenden fünf Jahre (zehn Jahre, bis zum Ruhestand) denken?

2.4 Welche Werte liegen den beruflichen Entscheidungen zugrunde?

Die berufliche Entwicklung hängt von den Qualifikationen, von persönlichen Stärken und Schwächen ab, die eine Person mitbringt oder entwickeln kann. Die beruflichen Anforderungen stehen dem gegenüber und sollten idealerweise dazu passen. So werde ich meine Entscheidung, z. B. die Schule zu wechseln, eine Leitungsfunktion anzustreben oder eine Sonderaufgabe zu übernehmen, davon abhängig machen und abschätzen, welche Anforderungen ich erwarte und ob ich die entsprechenden Kompetenzen mitbringe bzw. entwickeln kann.

Darüber hinaus beeinflussen die Werte, die eine Person entwickelt hat, die berufliche Entwicklung massiv (O'Connor u. Seymour 1997, S. 221) – selbst dann, wenn sie unbewusst sind und die Person diese Werte nicht benennen kann (Rappe-Giesecke 2008, S. 169 f.). Wir fühlen uns im Einklang, wenn wir unsere Werte verwirklichen können. Dann sind wir bereit, uns zu engagieren. Motivation entsteht, wenn in einer Situation drei Faktoren in einem guten Verhältnis zueinander stehen.

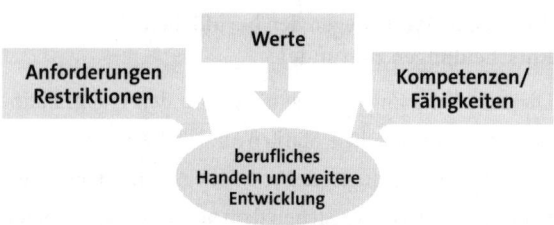

Abb. 4: Faktoren, nach denen wir handeln und berufliche Entscheidungen treffen

Wenn wir unsere Werte aufgrund der beruflichen Bedingungen nicht leben können, handeln wir gegen unser Selbstbild, fühlen uns unverbunden. In der Folge langweilen wir uns, sind erschöpft, sind unkonzentriert oder frustriert. Wenn eine solche Situation dauerhaft besteht, laufen wir Gefahr, krank zu werden. Das Modell der Lerntreppe (s. Kap. 1.2) zeigt Chancen, die darin liegen: Jeder »Zusammenstoß« ist eine Gelegenheit, sich darüber bewusst zu werden, eine neue »Stufe« in der persönlichen Entwicklung zu erreichen.

Coaching: Wie sind Sie im Einklang mit Ihren Werten?

Im Coaching beobachtet Frau B. Situationen von Verbundenheit und Unverbundenheit. Ihr Anliegen ist es, weniger müde zu sein, dafür mehr Leichtigkeit im Arbeitsalltag zu erreichen. Sie möchte sich darüber klar werden, wann sie bei der Arbeit »im Einklang« ist. Auf der anderen Seite gibt es Situationen, in denen Frau B. wichtige Werte vermisst. Dann empfindet sie »Unverbundenheit«.

COACH: Wann fühlen Sie sich während des Schulalltags verbunden?

FRAU B.: Wenn ich einen gewissen Freiraum habe, nicht nach Programm Nullachtfünfzehn verfahre. Mir fallen dann z. B. auch praktische Dinge oder körperbetonte Übungen ein, die ich mit den Schülern machen kann – sozusagen abseits der üblichen Stoffvermittlung, und das tut allen gut.

COACH: Wann fühlen Sie sich unverbunden?

FRAU B.: Sobald es mehr Druck gibt, z. B. viele Vertretungsstunden. Dann fehlt mir die Präsenz, dann komme ich ins Gegenteil. Ich funktioniere dann nur noch. Ich bin schnell gereizt, habe kein Gefühl mehr für die einzelnen Schüler. Da ist Müdigkeit, Erschöpfung, das wirkt sich auch auf die Klasse aus.

COACH: Gab es auch schon einmal Verbundenheit in Vertretungsstunden?

FRAU B.: Manchmal macht es mir auch Spaß und es entsteht eine andere Art von Flow, wenn ich etwas aus dem Handgelenk schütteln muss: Ich finde sogar, das sind meistens die besten Stunden. Spontanität! Ich habe im Kopf, was Thema sein soll: Was kommt da von den Schülern? Wie gehe ich darauf ein? Ich kann Nebenwege einschlagen – das macht schon Spaß!

COACH: Gibt es noch andere Beispiele?

FRAU B.: Ich fühle mich unverbunden, wenn ich unsicher bin. Ein entscheidender Faktor ist, dass durch Gespräche mit einer Kollegin oft Verwicklungen entstehen. Ich lasse mich dann ausbremsen, ich fühle mich auch klein. Dann kann es sein, dass ich an anderen Stellen meine Unzufriedenheit rauslasse. Das wirkt nach. Und es häuft sich an.

COACH: Wenn Sie sich das bewusst machen, was verändert sich in Bezug auf Ihr Ziel?

FRAU B.: Ich möchte Dinge ansprechen, die mir wichtig sind … Vielleicht ist das der entscheidende Punkt, genauer hinzuschauen: Das ist eine Energie, die noch aus dem alten System (frühere Schule) kommt. Manche Vorstellungen kann ich hier auflösen. Denn da ist einige Energie gebunden – die kann frei werden!

Nachlese – wie wir weiterarbeiten

Wenn Werte auf den Prüfstand gestellt werden, können wir uns klarer entscheiden, z. B. Prioritäten setzen. Das wirkt entlastend. Welche Werte sollen verstärkt, welche können verändert werden? Frau B. möchte mehr Spontanität entwickeln. Ihr ist eine gute Zusammenarbeit wichtig. Sie erkennt, dass Ihre Werte teilweise nicht mehr passen.

Nachdem sie im weiteren Gespräch ihre Themen sammelt, schreiben wir diese auf Karten und legen sie wie Mosaiksteine auf dem Boden aus, bis sie ein stimmiges Lösungsbild widerspiegeln. Frau B. entscheidet sich, dass sie als Nächstes den Konflikt mit ihrer Kollegin bearbeiten möchte. Sie glaubt, dass sich daraus auch positive Impulse für ihre anderen Themen ergeben werden.

Übung: Verbundenheit und Unverbundenheit beobachten

Nutzen Sie – für einen Zeitraum von ca. zwei Wochen – folgende Fragen für regelmäßige Reflexionen am Morgen. Reservieren Sie sich einen schönen Ort in Ihrer Wohnung, an dem Sie ungestört sind. Nehmen Sie sich ca. 10 Minuten Zeit und lassen den vergangenen Schultag Revue passieren. Reflektieren Sie aus einer distanzierten Position möglichst sachlich.

Schreiben sie auf, was Ihnen einfällt, auch wenn es Kleinigkeiten sind.

DAS WAR TOLL!	DAS WAR SCHRECKLICH!
mögliche Zeichen:	mögliche Zeichen:
Verbundenheit, Leichtigkeit, Freude, Heiterkeit ...	Erschöpfung, Unkonzentriertheit, Ärger, Frustration, Druck, Langeweile ...
Ich fühlte mich verbunden, als ...	Ich fühlte mich unverbunden als ...

Benutzen Sie jeden Morgen neue, leere Blätter und lesen Sie nicht, was Sie bereits geschrieben haben. Sammeln Sie Ihre Beobachtungen in einem Umschlag. Nach zwei Wochen Beobachtungszeit können Sie das Geschriebene chronologisch lesen. Wie beurteilen Sie Ihr Ergebnis?

- Welche »tollen« Momente können Sie feiern?
- Was ist im Verlauf der Übung vielleicht bereits anders geworden?
- Was möchten Sie vor allem verändern? Was nehmen Sie sich dafür – als ersten kleinen Schritt – konkret vor?
- Welche Erkenntnisse haben für Sie eine entlastende Wirkung?

2.5 Motive und Talente

Als dritten Aspekt der Standortanalyse nehmen wir den Blick auf die Motive und Talente dazu. Sie ergeben sich z. T. aus den persönlichen Werten: Für das, was uns wertvoll ist, engagieren wir uns, damit beschäftigen wir uns intensiver. Auf diesem Gebiet können dann besondere Fähigkeiten und Talente entstehen.

»Ich möchte erkennen, was wirklich MEINS ist. Und mehr Leichtigkeit bei der Arbeit erreichen. Das ist viel-

leicht möglich, wenn ich mehr meinen Stärken folge.«

Unsere Talente sind uns häufig nicht bewusst. Sie gehören zu uns, sind uns selbstverständlich. Gewöhnlich fällt es uns leichter, über Probleme und Schwierigkeiten nachzudenken. Bei Entscheidungen zur Weiterentwicklung ist dagegen ein »Selbst-Bewusstsein« der Stärken nützlich!

- Welche Eigenschaften und Kompetenzen habe ich, mit denen ich ein »besonderes Geschenk« an meine Umgebung bin?
- Was zeichnet mich als Lehrer ganz besonders aus?

Dabei geht es weniger um herausragende Leistungen oder Rekorde. Wir fragen stattdessen nach unseren unterschiedlichen Seiten – zu verschiedenen Zeiten und in unterschiedlichen Situationen –, die unsere Einzigartigkeit zeigen. Denn häufig sind es »kleine« oder in Vergessenheit geratene Situationen, die besonderen Aufschluss über unsere Motive und Talente liefern (Fischer-Epe 2009, S. 159).

Coaching: »Spaß an der Arbeit« – Talente hervorheben

Nachdem das Anliegen von Frau A. an ein Coaching geklärt wurde, formuliert sie ihre Frage: »Wo kann ich die richtigen

Schwerpunkte setzen und wie kann ich persönliche Entwicklungschancen nutzen?« Die »Panoramatechnik« ist eine geführte Reise durch Ihre persönliche Biografie. Sie soll mit allen Sinnen erlebbar werden: »Entspannen Sie sich und genießen es!«

COACH: Auf Ihrer Reise, die jetzt beginnt, betrachten Sie Ihre letzten vier Wochen aus der Vogelperspektive … Suchen Sie nun nach einer Situation, in der Sie ganz bei der Sache waren, Sie hatten Freude an Ihrer Arbeit, Sie haben die Zeit vergessen – so muss Arbeit sein! Haben Sie eine solche Situation gefunden? Dann bewegen Sie sich jetzt näher heran und beschreiben die Situation!

FRAU A.: Die Schüler haben Spaß. Wir diskutieren über das Thema »Schöpfung oder Evolution«. Vorher hatten die Schüler in kleineren Gruppen gearbeitet. Das bringen sie im Plenum ein. Es ist ein Selbstläufer. Die Schüler sind miteinander ins Gespräch gekommen. Das Interesse ist geweckt. Eine längere Zeit setzen wir uns mit dem Thema auseinander. Ich bin ganz dabei, was die Schüler herausgefunden haben. Es gibt kontroverse Meinungen.

COACH: Was hat zu diesem Interesse geführt?

FRAU A.: Sie brauchten keine große Vorbereitung, keinen längeren Text zu lesen und den zu zerpflücken. Sondern es kam aus ihnen selbst heraus. Sie fanden das Thema spannend, und jeder konnte etwas beitragen aus seiner persönlichen Sicht. Sie wollten miteinander streiten über verschiedene Sichtweisen.

COACH: Welche Ihrer Bedürfnisse werden in der Situation erfüllt?

FRAU A.: Meine unsicheren, kritischen Gedanken – das interessiert die Schüler nicht, ich erreiche Schüler nicht – fehlen. Ich lerne Schüler besser kennen; erfahre, was sie bewegt. Es entsteht ein guter Kontakt, da passiert viel! Es geschieht etwas Wertvolles: Schüler werden sprachfähig. Sie entwickeln sich weiter, indem sie über solche Themen sprechen, miteinander in den Dialog gehen. Sie können selbst den Sinn erfahren, indem sie sich über das Thema streiten. Das ist ein hoher Wert!

COACH: Verlassen Sie nun die Situation und begeben Sie sich wieder in die Vogelperspektive. Wir setzen nun die Reise in Ihrer Biografie fort. Blicken Sie von hier oben auf das Jahr 2003 …

Im weiteren Verlauf findet Frau A. weitere Situationen, die durch Arbeits- und Schaffensfreude gekennzeichnet waren. Dabei bewegen wir uns jeweils 10 Jahre in der Biografie zurück. Bei jeder Station erforscht Frau A. die Situationen genauer – ähnlich wie oben beschrieben.

Anschließend gibt sie den Szenen nacheinander eine Überschrift, wie Schnappschüsse für ein Fotoalbum:

› Kinderzeit (Im Urlaub fahre ich Trecker):

»Schritt ins Leben, was vor mir liegt; Schwellensituation«

› Einstieg in den Beruf (Ich begleite Theologiestudenten in der zweiten Ausbildungsstufe):

»Das Haus des Lebens hat jetzt ein Fundament, die Basis ist gelegt, mich beruflich weiterzuentwickeln.«

› Erste Jahre als Lehrerin

»Es gibt Inseln, wo es richtig ist, wie ein Raum, der ganz frei von Zweifeln ist.«

› Aktuelle Situation:

»Schüler zum Fragen und zur Weiterentwicklung anregen«

COACH: Wenn Sie die Situationen im Zeitraffer betrachten, welche Elemente sind für Sie relevant in Bezug auf Ihr Anliegen? Erkennen Sie einen roten Faden?

FRAU A.: Es geht mir darum, wie ich es schaffe, etwas bei Menschen in Bewegung zu bringen. Es geht mir weniger darum, etwas zu verkünden, was »richtig« ist. Es ist mir wichtig herauszufinden, was die Schüler bewegt, Scout sein, Fragen präzisieren, den Fragehorizont erweitern. Ich bin dabei vor allem eine Moderatorin, die den Nährboden schafft.

Wenn ich mich in der Situation kompetent fühle, dann ist es optimal. Das ist es, was ich zukünftig weiterentwickeln möchte: etwas bei Menschen auslösen, herausfinden, was Menschen bewegt, um Weiterentwicklung anzuregen.

Nachlese – wie wir weiterarbeiten

In der folgenden Arbeit werden Möglichkeiten entwickelt, wie Frau A. ihren Motiven stärker folgen und die eigenen Talente stärker einsetzen kann. Sie möchte u. a. ihre Tätigkeit als Beratungslehrerin ausweiten.

Übung mit der Panoramatechnik:
Motive und Talente hervorheben

Nehmen Sie sich ca. 30 Minuten Zeit – an einem ungestörten, schönen Ort. Nutzen Sie Papier und bunte Stifte für Ihre Notizen oder Zeichnungen.

Leichter wird es, wenn Sie die Übung zu zweit machen können. Dann kann eine Person die Übung anleiten, und die andere kann sich ganz auf die Panoramastationen konzentrieren.

1. Schritt: Begeben Sie sich auf die Reise und erinnern sich an Ihre letzten vier Wochen. Suchen Sie nach einer Situation und erinnern sich:

• Sie sind ganz bei der Sache, vergessen die Zeit.
• Die Tätigkeit ist ganz leicht, alles läuft wie von selbst.
• Die Tätigkeit macht Spaß, gibt Ihnen Kraft.

2. Schritt: Untersuchen Sie die Situation genauer, erleben Sie sie wie eine Filmszene:

• Beschreiben Sie das Besondere. Wer ist noch beteiligt?
• Woran können andere erkennen, dass es Ihnen Spaß macht?
• Was steht Ihnen einfach zur Verfügung, was können Sie einfach?

3. Schritt: Sie können nun weiter zurückgehen – bis in Ihre Kindheit – und in einem Abstand von 10 Jahren weitere Stationen suchen (mindestens drei).

Nach der Übung können Sie sich Ihre Ergebnisse – wie Schnappschüsse in einem persönlichen Fotoalbum – anschauen. Welche Eindrücke haben Sie dabei?

- Was zeichnet Sie als Lehrer ganz besonders aus?
- Was möchten Sie verstärken oder weiterentwickeln?

3 Lösungsorientiert – das Ziel im Fokus

3.1 Lösungsorientiert denken

Vielen fällt es leichter, Probleme und Schwierigkeiten zu beschreiben als positiv zu formulieren, was sie erreichen wollen. Die Problemsicht führt allerdings nicht zu Lösungen. Im Gegenteil werden kraft- und mutlose Gefühle zunehmen, je länger wir in der Problemperspektive verharren und über die störenden Ereignisse nachdenken (Hubrig u. Herrmann 2010, S. 86; Bamberger 2010, S. 73).

Beim dritten Schritt geht es um systematische Gedankenarbeit in Richtung auf eine positive Lösung (O'Connor u. Seymour 1997, S. 42). Ich lade Sie zu einem Perspektivwechsel ein – von der Problemsicht hin zu einer positiven Vision:

Stellen Sie sich einmal vor, Sie wären vollauf zufrieden – sozusagen probehalber. Tun Sie einmal so, als ob Ihre schönste Vorstellung wahr wäre. Wie würde so ein Tag oder so eine Situation aussehen?

Ihre Vision kann eine Wirkung entfalten, als ob Sie einen Samen ausstreuen – eine Entwicklung in Richtung auf eine gute Lösung wird angeregt (Landmann 2008, S. 22).

Coaching: Der ideale Tag

COACH: Stellen Sie sich vor: Ihre berufliche Situation ist jetzt genau so, wie Sie es wünschen. Wie sähe Ihr idealer Tag aus? Wann wachen Sie morgens auf? Was tun Sie, wie ist es an Ihrem idealen Tag? Beschreiben Sie Ihren Tag, bis Sie am Abend schlafen gehen.

FRAU B.: Ich habe zur zweiten Stunde Unterricht. Der Wecker schellt um 7 Uhr, ich stehe direkt auf, mache meine Yoga-übungen … Die Sonne scheint, Wärme! Der Tisch ist schön gedeckt und ich frühstücke in Ruhe. Ich nehme meine Sachen, die ich am Vortag schon bereitgestellt habe, und verlasse das Haus … An der Schule angekommen hält mir ein Kollege die Tür auf. »Guten Morgen!«, wir gehen plaudernd die Treppe hoch. Mein Gefühl ist offen, ruhig, neutral …

Es ist kein Vertretungsunterricht angesagt. Ich nehme das Klassenbuch und gehe gleich in die Klasse, lüfte, sortiere Material, die Schüler kommen herein … Der Unterricht beginnt: Ich habe Ruhe und Zeit, auf einzelne Schüler einzugehen …

Dann ist große Pause, die ersten 5 Minuten sind für mich persönlich, frei von äußeren Reizen, ich entspanne richtig …

Am Ende des Schultages habe ich eine Liste, was ich für die Vorbereitung des nächsten Tages machen will …

Nach einer kurzen Pause in einem netten Café im Viertel gehe ich schwimmen. Zu Hause angekommen mache ich einen Kurzschlaf. Mit einem Getränk setze ich mich dann an den Schreibtisch …

Um 7 Uhr ist endgültig Feierabend. Dann verbringe ich einen gemütlichen Abend zu Hause, Essen, Lesen und Gespräche mit meinem Mann. Gegen 22:30 Uhr gehe ich schlafen.

Nachlese – wie wir weiterarbeiten

»Der ideale Tag« enthält meist sehr eindrückliche Bilder, die über lange Zeit im Gedächtnis bleiben – das berichten Klienten. Einiges davon wirkt auf dieser Wunschebene, anderes wird in der weiteren Arbeit im Coaching zu einem konkreten Ziel.

Frau B. erkennt, wie wichtig es ist, dass sie mehr auf sich selber achtet und Ruhephasen einlegt, die frei von äußeren Reizen sind. Besonders für Zeiten, in denen es viel Vertretungsunterricht gibt, will sie Wege finden, sich präsenter einzubringen, weniger Müdigkeit und mehr Herzblut bei der Arbeit zu haben.

3.2 Attraktive Ziele machen zufriedener

Ein wichtiger Treibstoff für Zufriedenheit im Beruf sind attraktive Ziele. Eine möglichst konkrete und realistische Vorstellung über einen gewünschten Zustand hilft uns dabei. Personen, die für sich klare Ziele formulieren und über deren Erreichung reflektieren, sind zufriedener und erreichen eher berufliche Erfolge als solche, die keine konkreten Ziele festlegen – so lautet ein Untersuchungsergebnis (Kauffeld et al. 2009, S. 168).

Zufriedenheit kann gelingen, wenn wir über die Bewältigung der Arbeitsanforderungen und das »Funktionieren« hinaus unsere Entwicklung bewusst und aktiv steuern. Mit Apathie und Lässigkeit werden Menschen ihren Arbeitsplatz akzeptieren, lehnen aber Neues und Ungewohntes ab. »Das ist nichts für mich« als generelle Haltung macht blind für Chancen und auf längere Sicht unzufrieden.

Ein Klient nennt Kriterien, wann ein Ziel für ihn Kraft hat:

> *»Es ist mir wichtig, dass ich kompetent bin mit dem, was ich tue, und dass ich positives Feedback bekomme. Das ist die Voraussetzung, dass ich in meinem Ziel bestärkt werde und es weiter verfolge.«*

Positive Rückmeldungen und das Bewusstsein, es zu schaffen und mit seiner Leistung einen wichtigen Beitrag zu leisten, sind wichtig, um sich für Ziele zu engagieren.

3.3 Kraftvolle Ziele definieren, die handlungsleitend sind

Wenn eine Veränderung dauerhaft gelingen soll, sind auch unbequeme Dinge zu tun, sind Anstrengungen durchzuhalten. Wie kann ich mir Ziele setzen, die mich motivieren, sodass ich mich auch wirklich dafür einsetze und nicht wieder aufgebe? In der Literatur gibt es viele Anregungen zu diesem Thema. Mit dem Ziele-Check werden hier fünf zentrale Kriterien vorgestellt, mit denen Sie Ihr Ziel mit Energie »aufladen« können und mit wenig Aufwand viel Effekt erreichen (Fischer-Epe 2009, S. 68; Schmidt-Tanger 1998, S. 25).

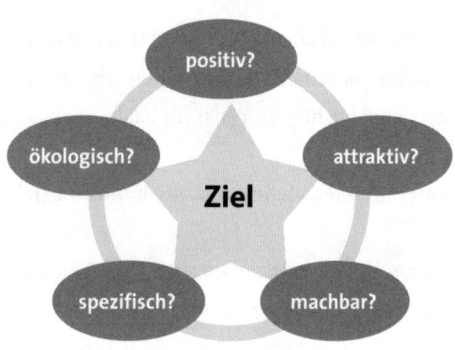

Abb. 5: Fünf Kriterien für ein kraftvolles Ziel

Positiv:

Ist Ihr Ziel bereits positiv formuliert?

»Ich möchte nie mehr erleben, dass ich zum Ende des Schuljahrs so freud- und kraftlos bin«, ist eine negative Formulierung. Fragen Sie sich, wie Sie sich stattdessen am Ende des Schuljahres fühlen möchten: kraftvoll, souverän, präsent … Formulieren Sie Ihr Ziel positiv!

Attraktiv:

Stellen Sie sich vor, Sie haben Ihr Ziel erreicht, alles ist genau so geworden, wie Sie es gewünscht haben … Was tun Sie anders? Wie ist es für Sie?

Welches wichtige Bedürfnis ist für Sie erfüllt?

Prüfen Sie, ob der Zielzustand reizvoll für Sie ist. Formulieren Sie Ihr Ziel, bei dessen Verwirklichung Sie viel für sich und Ihr Leben gewinnen!

Machbar:

Was können Sie selber tun, um auf dem Weg zu Ihrem Ziel einen Schritt weiter zu kommen? Welche EIGENEN Anstrengungen setzen Sie für die Lösung ein?

Es hat wenig Aussicht auf Erfolg, darauf zu bauen, dass sich die anderen ändern!

Spezifisch:

Woran genau merken Sie, dass Sie Ihr Ziel erreicht haben – wie können Sie das messen? Wann genau, wo, mit wem, wie oft, wie lange tun Sie was?

Formulieren Sie mess- und überprüfbare Kriterien für die Zielerreichung!

Ökologisch:

Angenommen, Sie verwirklichen Ihr Ziel, mit welchen Wirkungen und Nebenwirkungen müssen Sie in Ihrem Umfeld und bei sich selbst rechnen?

Welchen Preis zahlen Sie oder andere dafür?

Welcher Nutzen steht dem gegenüber?

Eine realistische Einschätzung ist wichtig. Formulieren Sie Ihr Ziel so, dass die Konsequenzen vertretbar sind und es ein attraktives Kosten-Nutzen-Verhältnis gibt!

Coaching: Das Ziel aufladen – »Die Zusammenarbeit im Jahrgangsteam verbessern«

Frau C. ist Lehrerin an einer Gesamtschule.

FRAU C.: Mein Ziel ist eine bessere Zusammenarbeit im Kollegium. Ich bin häufig frustriert und rege mich über die Kollegen auf. Die Arbeit in unserem Jahrgangsteam finde ich besonders wichtig, um ein gemeinsames Regelwerk für den Jahrgang zu entwickeln, dass wir alle an einem Strang ziehen. Ich stelle aber fest, dass das MEINE Ziele sind, drei weitere Teilnehmende ziehen mit. Die anderen fünf teilen diese Ziele nicht.

COACH: Was können Sie selbst für eine gute Zusammenarbeit tun – gibt es positive Erfahrungen oder Ideen? (Positiv? Machbar?)

FRAU C.: Ich kann zu einer offeneren Atmosphäre beitragen. Es ist aber nicht einfach, es gibt diejenigen, die ihre Vorstellungen überhaupt nicht verbalisieren wollen oder können. Wie soll ich mit solchen Kollegen umgehen? Ich sehe es auch als Lernprozess: Ich möchte von meinen Zielen etwas loslassen können.

COACH: Welche Ihrer Kompetenzen können Sie dafür einsetzen? (Machbar?)

FRAU C.: Geduld ist nicht meine Stärke. Unser neues Projekt ist z. B. eine Menge Arbeit. Dabei alle bei der Stange zu halten, das fällt mir schwer. Es gibt Leute, die können nach dem 20. Mal immer noch nett und freundlich bleiben – das bin ich nicht. In unserer Schule werden gerade Stimmen laut, die sich an die Schulleitung richten, was von Einzelnen verbindlicher eingefordert werden kann … Ich habe aber viele Ideen und Durchhaltevermögen. Ich bin immer bereit, etwas Neues auszuprobieren.

COACH: Was glauben Sie, gewinnen Sie persönlich, wenn Sie Ihr Ziel erreicht haben? (Attraktiv?)

FRAU C.: Ich gucke dabei in den Spiegel. Ich gerate immer wieder an ähnliche Problematiken, das stelle ich fest. Ich möchte wirklich etwas verändern, denn ich bin da auch verbohrt. Ich laufe Idealen hinterher, die in so einem System nur schwer zu verwirklichen sind.

COACH: Angenommen, alles läuft optimal, was wäre dann anders? (Attraktiv?)

FRAU C.: Wir erreichen dann das Optimale für die Schüler. Wir arbeiten in einer guten und ruhigen Atmosphäre auf unserem Flur. Das wäre gut für mich und für alle anderen. Bei der Teamarbeit selbst würde ich die Offenheit genießen, es besteht Interesse und Engagement. Interesse an den Schülern, an der Schule und an den Kollegen untereinander.

COACH: Wenn das verwirklicht würde – was wären die Kosten, die Sie zahlen müssten? (Ökologisch?)

FRAU C.: Ich muss Abstriche machen an dem, was ich von den anderen an Zeit einfordere, und an dem, was ich von ihrer Begeisterung für diesen Beruf einfordere. Ich bin ja da in einem Verbund.

COACH: Wie lautet Ihr Fazit, wenn Sie Kosten und Nutzen gegenüberstellen? (Ökologisch?)

FRAU C.: Bisher ist der Gewinn gering. Die Kosten sind sehr hoch, auch an persönlichem Einsatz. Letztendlich gibt aber der Gewinn den Ausschlag – der Gewinn für die Schüler, der aus einem gemeinsamen Vorgehen resultiert. Einige Kollegen können sich gut austauschen, und ich denke, daraus entsteht ein Schneeballeffekt. Wenn sich einige rausziehen aus der gemeinsamen Arbeit und ich das so akzeptieren kann – das betrachte ich dann als meinen persönlichen Gewinn, da habe ich etwas gelernt.

COACH: Wenn Sie das alles zusammenfassen – wie können Sie konkret erkennen, dass Sie Ihr Ziel erreicht haben? (Spezifisch?)

FRAU C.: Dass ich alle mit im Boot haben kann, das geht eben nicht. –

Ich will realistisch sein, ich will akzeptieren, was ist. Das merke ich daran, dass ich mich nicht so oft aufrege. Ja genau, ich glaube, dass ich dann auch mehr bewirke für unser Team!

Nachlese – wie wir weiterarbeiten

Mit der Formulierung eines konkreten Zwischenziels – realistisch sein und akzeptieren – wird mehr Klarheit und Motivation erreicht. Die Hypothese ist, dass eine veränderte Haltung von Frau C. sich schließlich positiv auf das ganze Jahrgangsteam und die Zusammenarbeit auswirkt.

Übung: Das Ziel aufladen

Nehmen Sie sich für die Übung ca. 20 Minuten Zeit.

• Welche Lösung wünschen Sie sich?

Schreiben Sie Ihr Ziel auf ein DIN-A4-Blatt. Gehen Sie nun um Ihr Ziel herum und klären nacheinander auf fünf Positionen die Zielkriterien, indem Sie mit »positiv« beginnen. Nutzen Sie dazu die Abbildung 5 und die dazugehörigen Fragen.

• Wenn Sie das nun zusammenfassen: Formulieren Sie Ihr Ziel neu oder definieren Sie ein Zwischenziel!

4 Lösungsräume öffnen

4.1 Raus aus dem Zielkorridor

Sie haben sich fokussiert, Ihr Ziel formuliert. Jetzt kann es an die Verwirklichung gehen. Oft haben die Menschen die Vorstellung, dass man sofort von seiner (Problem-)Position X auf die Zielposition Y kommt, wenn man nur genug Willenskraft besitzt. Bei komplexen Zielen gibt es aber eine unterschiedlich lange Phase »dazwischen« (Rappe-Giesecke 2008, S. 263). Hermina Ibarra vertritt die Auffassung, dass grundlegende Veränderungen in der Regel drei Jahre dauern (ebd., S. 317). In dieser Übergangszeit muss man Unsicherheit aushalten, bis eine Stabilität auf der neuen Ebene erreicht wird. Eine Schwelle muss überschritten werden, dass sich »anderes« Denken, Fühlen und Handeln öffnet. Wenn es gelingt »dranzubleiben«, wird Neues entstehen, werden Chancen für neue Kompetenzen und Weiterentwicklung genutzt (Scharmer 2009, S. 121).

Die folgenden Tools unterstützen diesen Prozess, damit wir den Weg und die ersten Schritte, die vor uns liegen, klarer sehen und mit Selbst-Bewusstsein über unsere Fähigkeiten gestalten können. Kapitel 6 beschreibt, wie auftauchende Hindernisse auf diesem Weg kleiner werden und bewältigt werden können.

Welche Haltungen sind für den Weg zum Ziel hilfreich?
Während wir mit der Klärung unseres Anliegens und der Formulierung eines Ziels einen Fokus aufbauen, um – mit einem starken Bild des gewünschten Zustands – Motivation und Orientierung zu erreichen, ist es für den weiteren Weg dienlich, diese Fokussierung zunächst wieder ein Stück zu lockern.

Probleme bei der Umsetzung entstehen meist durch eine festgelegte Perspektive, die wir – meist unbewusst – einnehmen. Sind wir zu perfektionistisch, laufen wir Gefahr aufzugeben, da wir abweichende Erfahrungen negativ bewerten. Werden wir in unserem Denken flexibler, dann ermöglichen solche Erfahrungen ein Weiterdenken.

Um erfolgreich zu sein, brauchen wir also auch eine Öffnung für neue Erfahrungen, das Loslassen des Alten, indem wir »darauf achten, was uns unsere Schritte lehren« (Rappe-Giesecke 2008, S. 317). Dazu gehört es, Feedback aufzunehmen, neuen Impulsen zu folgen und immer wieder zu reflektieren.

Loslassen

Wenn wir unsere Zielvorstellung vor Augen haben, werden sich unsere Aufmerksamkeitsstruktur und unser Denken verändern. Weil aber Perfektionismus und ein zu enger Fokus die Kreativität ersticken, brauchen wir eine offene Haltung. Diese Haltung verhilft zu frischen Gedanken und zur Kreativität, Neues zu entdecken.

Sich flexibel einlassen

Wir können flexibel zwischen Loslassen und Fokussieren wechseln, wenn wir akzeptieren, dass wir in der Übergangsphase mit den Widersprüchen leben müssen:

- »Mal sehen, was draus wird«, ist die Haltung, wenn wir aus dem Zielkorridor aussteigen. Wir gewinnen damit die Chance, schneller ins Handeln zu kommen und auf kleine Erfolge zu achten (Reddemann 2013, S. 51).
- Mit der Zielvorstellung vor Augen richten wir unsere Konzentration aus, sind frei von Ablenkungen. Wir können wieder einsteigen ins ergebnisorientierte Denken, können bewerten und aus unseren Erfahrungen lernen.

4.2 Arbeit mit Perspektivwechsel und Unterschieden

Wir nutzen die Methode der Skalierung, um den Weg zum Ziel zu öffnen. Eine Skala schafft die Möglichkeit, sich für unterschiedliche Erfahrungen zu öffnen und bestimmte Wege schon einmal probeweise zu gehen.

Wie bei einem Spaziergang sammeln wir Erkenntnisse über die »Landschaft der Lösung« aus unterschiedlichen Blickrichtungen.

Zur Visualisierung der Skala werden Punkte von eins bis zehn auf dem Boden markiert, wie es in der Abbildung angedeutet wird. Die Karten eins bis zehn liegen auf einer gedachten Linie – quer durch den Raum.

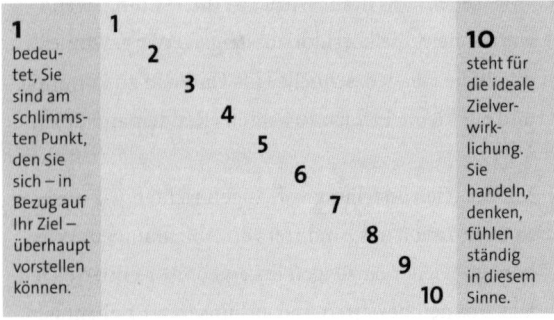

1
bedeutet, Sie sind am schlimmsten Punkt, den Sie sich – in Bezug auf Ihr Ziel – überhaupt vorstellen können.

10
steht für die ideale Zielverwirklichung. Sie handeln, denken, fühlen ständig in diesem Sinne.

Abb. 6: Methode der Skalierung

- Wo würden Sie – auf dem Weg zu Ihrem Ziel – derzeit stehen?
- Welcher Platz würde Ihrer aktuellen Situation entsprechen?

Im Folgenden können Sie in einer Coachingsituation einem Spaziergang auf der Skala folgen.

Coaching: Spaziergang auf der Skala von 1 bis 10

Frau A. möchte im Coaching Entscheidungen für die »richtigen« Schwerpunkte für ihre weitere berufliche Entwicklung treffen. Sie berichtet, dass sie oft unsicher sei, sich dann verzettele und damit unzufrieden werde.

Sie definiert ihr Ziel:

Auf dem richtigen Weg bin ich, wenn ich meiner »inneren Berufung« mehr folge, nämlich »herausfinde, was Schüler/Menschen bewegt, und Weiterentwicklung auslöse«.

Frau A. verortet sich in ihrer aktuellen Situation auf der Sechs und stellt sich auf diese Position auf den Bodenanker.

COACH: Was an Ihrer aktuellen Situation macht es aus, dass Sie sich auf die Sechs gestellt haben?

FRAU A.: In meiner Tätigkeit als Beratungslehrerin bin ich offen,

71

was Menschen an mich herantragen. Im Unterricht möchte ich gern offener werden, was Schüler von sich einbringen. Ich möchte noch mehr Fragen stellen. Wo sind deren Interessen?

COACH: Blicken Sie von Ihrer Position einmal auf die Eins. Stellen Sie sich einmal vor, dass Sie dort Dinge tun, die absolut nichts mit Ihrem beschriebenen Anliegen zu tun haben. Wählen Sie nun einmal eine schlechtere Position aus und stellen sich ein paar Punkte in Richtung auf die Eins.

Frau A. stellt sich auf die Zwei.

COACH: Was ist der Unterschied zur Sechs, was tun Sie auf der Zwei anders?

FRAU A.: Ich nehme die Einzelnen nicht wahr. Ich muss eine Schülermasse abfertigen. Ich finde nicht die nötige Ruhe. Es gibt viel Organisatorisches, das ich erledigen muss. Die Schüler sind sehr laut. Ich bin im Hamsterrad, komme da gar nicht weg. Religion, das interessiert doch sowieso keinen!

COACH: Wenn Sie von der Zwei aus auf Ihre aktuelle Sechs schauen, was haben Sie auf der Sechs bereits dazugewonnen?

FRAU A.: Ich habe einen gewissen Freiraum, ich habe den Blick auf die Einzelnen. Ich habe eine bessere Übersicht, dass ich nicht so erschlagen werde von den Anforderungen, von den Schülern, von den Kollegen. Auf der Sechs habe ich ein besseres Standing, bis hier hin und nicht weiter – Ruhe jetzt! Bezüglich der Kollegen habe ich ein gewisses Maß an Selbstbewusstsein. Ich habe den Eindruck, dass es okay ist – so, wie ich es mache. Ich suche mir Kollegen, mit denen ich gern zusammenarbeite, die mich unterstützen. Wir tauschen uns aus über einzelne Schüler. Wir sehen uns auch mal außerhalb der Schule.

COACH: Auf der Sechs gestalten Sie nach Ihren Bedürfnissen – auf der Zwei stürzt alles auf Sie ein – Sie sind damit beschäftigt, das Schlimmste zu verhindern, den Tag zu überstehen?

FRAU A.: Ja, auf der Sechs sage ich: Was will ich überhaupt? Meine Bedürfnisse werden wichtig. Auf der Zwei muss ich erst mal damit klarkommen, dass ich meinen Job halbwegs schaffe.

COACH: Nach einem Jahr, wo werden Sie dann stehen? Stellen Sie sich vor, alles läuft bestens und Sie sind optimal unterwegs.

FRAU A.: Auf der Sieben. (Sie stellt sich auf die Sieben.) Es kommt mir selber gerade etwas pessimistisch vor, aber ich bleibe mal hier.

COACH: Sie sind einen Punkt weiter! Woran merken Sie das?

FRAU A.: Ich gehe morgens gern zur Schule. Es gibt Austausch. Es ist nicht so anstrengend, ich muss nicht dauernd schauen, dass ich die Nase über Wasser halte. Ich habe die Situationen im Griff. Es macht Spaß!

COACH: Was genau machen Sie anders auf der Sieben?

FRAU A.: Ich bin eingebunden in Planungsprozesse, ich überlege, wie man Sachen verbessern kann – z. B., wie man besser kooperieren kann … Ich überlege, mit Kollegen eine andere Unterrichtsform zu entwickeln, und wie wir gegenseitig hospitieren können. Ich rege Schüler an, etwas Soziales zu machen. Im Unterricht mache ich nicht immer das Gleiche: Jetzt hole ich Kopie XY heraus und dann folgen immer die gleichen Dinge. Ich habe ja die vielen Berufsjahre Erfahrung. Ich könnte ja immer das Gleiche machen, bis es mir zu den Ohren rauskommt.

Gleichzeitig denke ich mir: Ich muss auch gucken, dass ich das gesundheitlich schaffe, Entspannungszeiten habe. Ich brauche auch eine Effektivität in meiner Arbeit. Nicht immer sagen: Das mach ich auch noch … Auf der Sieben sage ich, das mache ich – das mache ich nicht. Und ich mache meinen Anteil daran erkennbar, dass er wahrgenommen wird. Es ist auch nicht immer gesagt, dass diese Dinge immer erfolgreich sind, damit rechne ich auch, das will und kann ich akzeptieren.

COACH: Woran können denn andere erkennen, dass Sie einen Schritt weiter, auf die Sieben, gekommen sind?

FRAU A.: Sie würden sehen, dass ich ausgeglichener bin und engagiert.

COACH: Wenn Sie nun von der Sieben auf die Sechs schauen, was waren die Veränderungen, die Sie einen Schritt weiter geführt haben?

FRAU A.: Ich nehme mir mehr Zeit für die Planung und Reflexion meiner Arbeit. Ich intensiviere meine Kontakte zu Kollegen, kriege Vernetzung hin … Ich wähle zwei Arbeitsprojekte gezielt aus: Da engagiere ich mich, alles andere lasse ich. Nicht zu viel!

COACH: Wenn Sie nun einmal auf die Zehn schauen: Haben Sie eine Idee, wie es auf der 10 ist – vielleicht nur für einen kurzen Moment? Oder kennen Sie Menschen, die sich dort bewegen?

FRAU A.: Es fällt mir grundsätzlich schwer, in meiner Tätigkeit den Traumjob – also die 10 – zu sehen. In der Beratungstätigkeit gab es vielleicht schon mal solche Situationen, dass ich dachte, das habe ich jetzt so richtig gut hingekriegt.

Auf eine Schulleiterin, die ich kennengelernt habe, trifft die Zehn im größeren Umfang zu. Sie ist sehr souverän, kann eine Struktur schnell durchschauen. Sie übernimmt die Verantwortung. Sie führt, ohne andere zur Schnecke zu machen. Sie hat das nicht nötig, andere herabzuwürdigen. Sie kann trotzdem sagen, so geht's nicht, kann kritische Dinge ansprechen, nichts hinter dem Berg halten. Es geht ihr nicht drum, sich in den Vordergrund zu spielen. Sie ist der Sache dienlich. Sie nimmt Kritik nicht persönlich.

COACH: Wenn Sie diese Erkenntnisse von der Zehn einbeziehen – was ergibt sich noch in Bezug auf ihr Ziel?

FRAU A.: Die Verantwortung zu übernehmen ist noch ein wichtiger Punkt, den ich einbeziehen möchte. Dass ich mein Ding entsprechend meiner Leitlinie mache und mich nicht verunsichern lasse und mich wieder herausziehe: »Ich bin jetzt angekommen!«, ist der Satz, der mir einfällt.

Nachlese – wie wir weiterarbeiten

Frau A. konnte flexibel verschiedene Perspektiven betrachten und darüber hinaus ein »tieferes« Ziel hinter ihrem Ziel erkennen. Ihr Wunsch »anzukommen« bewirkte einen höheren Grad an Energie, den sie nun für ihren Weg nutzen kann.

Jetzt fällt es Frau A. leicht, ihre weiteren Schritte konkret zu formulieren:

- Sie möchte regelmäßige Zeiten einführen, um mit Ruhe Neues zu planen und immer wieder zu reflektieren, was ihr wichtig ist – vielleicht möchte sie sich dazu einen Partner/eine Partnerin suchen, um gemeinsam zu reflektieren.
- Ihre Beratungstätigkeit möchte sie weiterentwickeln und mit den Kollegen darüber in den Austausch gehen.
- Sie möchte ein Gruppenangebot entwickeln für stille Schüler.
- Sie möchte andere Formen der Unterrichtsgestaltung entwickeln.

Übung auf der Skala: Den Lösungsraum öffnen

Nehmen Sie sich für die Übung ca. 30 Minuten Zeit.

Legen Sie eine Skala mit Bodenankern aus. Vergegenwärtigen Sie sich Ihr Ziel und nutzen die Coachingfragen für Ihren Spaziergang und die unterschiedlichen Perspektiven.

Die Methode der Skalierung für die Teamarbeit nutzen
Auch für die Team- oder Supervisionsarbeit ist die Methode der Skalierung geeignet: zum Beispiel zum themenbezogenen Kennenlernen, für das Herausarbeiten von Zielen sowie bei der Fokussierung und Aktivierung von Ressourcen zur Lösungsfindung (Jackson 2008, S. 212).

Der Intuition Raum geben
»Sennier Karten« von Wolfram Jokisch bieten eine spielerische Möglichkeit, persönliche Vorhaben durch einen lösungsorientierten Impuls zu stärken – dabei soll auch der Zufall eine Rolle spielen (Jokisch 2011).

Frau A. zieht intuitiv fünf Karten – aus einem Stapel von 100 verdeckt liegenden Impulskarten – und wählt daraus Impulse aus, die sie mit in ihre nächsten Wochen nehmen möchte. Besonders passend findet sie den Impuls »das Haus bauen«. Für sie bedeutet es, dass sie ein Haus bauen möchte, in dem sie ankommen kann und sich sicher fühlt. Sie beschreibt die Vorstellung, die sie damit verbindet:

»Ich bin die Innenarchitektin, die das Haus plant und baut. Es steht ja schon ein ganzer Teil, es gibt ein gutes

Fundament und es stehen schon einige Wände. Das Weitere wird entstehen ... Wenn mein Haus gut gebaut ist, kann ich ›draußen‹ Risiken eingehen, Neues erkunden, Mut haben – ich kann nämlich jederzeit wieder ins Haus zurück!«

Wir vereinbaren, in der nächsten Coachingeinheit dieses persönliche Haus gemeinsam zu konstruieren. Damit möchte Frau A. zusätzliche Sicherheit gewinnen.

4.3 Hausbau: die nächsten Projekte planen – Zielorientierung anhand der eigenen Werte

Wir nutzen die Metapher eines Hausbaus für die Visualisierung und Planung der Vorhaben. Mit den unterschiedlichen Hausebenen, z. B. dem Fundament (steht für die Grundlagen, die Basis) bis zum Dach (bietet einen Ausblick auf Sinn und auf Chancen für Werteverwirklichung) verknüpfen sich Assoziationen, die anregen und von der Zielsetzung bis zur Umsetzung begleiten. Insgesamt werden fünf verschiedene Ebenen bearbeitet.

Die Leitfrage für den Hausbau lautet:

- Was muss ich im »Heute« tun und entscheiden, um Sinnerfüllung und Weiterentwicklung in der Zukunft zu ermöglichen?

Frau A. entscheidet sich für das Ziel, ihre Beratungstätigkeit zu verstärken. Das Flipchart zeigt die Ergebnisse. In welcher Reihenfolge und mit welchen Fragen die verschiedenen Ebenen und Räume bearbeitet werden, erfahren Sie unten.

1. Erdgeschoss (rechts)

Output: Welche Resultate und Meilensteine wollen Sie – in Bezug auf das gesetzte Ziel – aus diesem Raum tragen können? Was, von welcher Beschaffenheit, in welchem Umfang wollen Sie erreichen?

2. Dach

Übergeordneter Sinn und Wertemöglichkeiten: Wofür ist das ein sinnvoller Beitrag? Wem nutzt es, inwiefern? Welche Wertemöglichkeiten warten in der Zukunft noch auf Sie? Was wird die nächste größere Aufgabe sein?Erdgeschoss (links)

*Input:*Wasistschonvorhandenundkanngenutztwerden? Auf welchen früheren Resultaten kann aufgebaut werden? Welche Kompetenzen und Bedingungen sind bereits vorhanden, um den Output zu realisieren?

3. *Fundament*

Verwirklichte Werte (Vergangenheit): Welche Werte haben Sie – in Bezug auf die anstrebten Resultate – bereits verwirklicht? Welche weiteren Ressourcen (über den Input hinaus) sind bereits vorhanden? Was denke ich über den bevorstehenden Weg?

Mögliche Restriktionen: Welche impliziten (evtl. hinderlichen) Vorannahmen gibt es? Welche Bedingungen sind zu beachten?

4. *Erdgeschoss (Mitte)*

Throughput: Welche konkreten Schritte transformieren den Input unter Anwendung der Regeln und Ressourcen in den gewünschten Output, der zu einer attraktiven Werteverwirklichung beiträgt?

Frau A. schaut auf ihre Ergebnisse. »Es tut gut zu sehen, wie viel bereits vorhanden ist.« Mit dem, was sie sich vorgenommen hat (Output), fühlt sie sich im Einklang mit ihren Werten. Sie weiß konkret, was sie als Nächstes tun möchte (Throughput). Sie möchte sich diese Arbeitsergebnisse nach einer längeren Zeit wieder anschauen, um zu reflektieren, an welchem Punkt ihres Weges sie sich befindet und welche neuen Erkenntnisse es gibt.

Ziel: Die Beratungstätigkeit verstärken und weiterentwickeln

Werte, Möglichkeiten:
gutes Schulklima, den Einzelnen fördern

Input	Throughput	Output
gut etabliertes Angebot Beratungserfahrungen bewährte Methoden 2 Entlastungsstunden	• in Gesprächen mit Schulleitung Bedeutung/Nutzen darstellen • Erfolge auswerten • auf Konferenz, auf Elternabenden bekannter machen • Methodenkasten weiterentwickeln • Brainstorming mit Kollegin • Bilder aufhängen	gutes Feedback von Kollegen 4–5 Schüler/Woche Gruppenangebot für „stille Schüler" mit Kollegin „Beratungsteam" sein Raum verschönern

Fundament

Verwirklichte Werte: Respekt, Vertrauen, dass jeder mit seinen Fähigkeiten gut klarkommen kann, Selbstreflexion, systemische Ausbildung, Kompetenzen, Lust dazu!
Restriktionen: Unsicherheiten/Zweifel, zu viel?

Abb. 7: Hausbau – Bearbeitung von fünf Ebenen zum zielorientierten Handeln

Sie erkennt auch, wie sie sich im Alltag häufig von Gefühlen der Unsicherheit und des Zweifels schwächen und bremsen lässt (Restriktionen). Wir wollen beim nächsten Mal mit diesen Blockaden arbeiten.

5 Innere Hürden nehmen

5.1 Hürden auf dem Weg – wenn ungünstige Problemmuster aktiviert werden

Manchmal kommt man nicht weiter auf dem Weg zum Ziel – trotz Motivation, guter Ideen und hilfreicher Kompetenzen. Klienten berichten z. B., dass sie gestärkt und motiviert aus einem Gespräch gegangen sind, dann aber – in schwierigen Situationen – wieder in das alte Verhalten fallen. Anlässe können z. B. Stress auslösende Bedingungen sein oder Beiträge anderer, die unangenehm sind. Dann erscheint es so, dass es nur dann eine Lösung geben kann, wenn sich diese äußeren Faktoren ändern. Das schwächt und vermittelt ein Gefühl des Ausgeliefertseins oder der Inkompetenz.

Problemmuster: Woher sie kommen und wie sie wirken
Teil eines Problemmusters sind unwillkürliche gefühlsmäßige Reaktionen auf solche Situationen (Kaltwasser 2010, S. 39). Muster entstehen aus Verallgemeinerungen von früheren Erfahrungen, die wir gespeichert haben. Sie steuern unsere Gedanken und unser Verhalten. Auch

Meinungen wurden gespeichert, die enge Bezugspersonen über sich und das Leben hatten. Auch wenn diese Muster früher gute Gründe hatten, müssen sie jetzt nicht unbedingt nützlich sein. »Da offenbar im Gehirn keine einmal gespeicherten Muster ganz löschbar sind, ist die Gefahr groß, dass diese alten unerwünschten Reaktionsmuster wieder unbewusst aktiviert werden können, wenn man sich in den ›alten‹ Kontexten bewegt« (Schmidt 2012, S. 278). Wenn der alte Reiz wieder auf den Plan tritt, kommt auch das entsprechende Problem wieder. Diese Reaktionen laufen meist unbewusst ab. Ein Coaching bietet Hilfestellungen, wie man Auslöser und Reaktionen erforschen und Muster identifizieren kann.

Frau A. beschreibt Unterrichtssituationen, in denen es »nicht gut läuft«:

»Meine Annahme ist dann, dass ich den Unterricht nicht gut genug vorbereitet habe, sodass die Schüler denken: ›Die hat es nicht im Griff, die gibt uns nicht genug Orientierung.‹ Dann denke ich: ›Als Lehrerin taugst du nicht viel.‹ Dann kommen die Selbstzweifel. Ich sehe alle anderen, die es gut machen, und ich kann es nicht.«

Es entsteht innerer Druck, was einen erheblich schwächt und behindert – z. B. in dem Ziel, gute Lernbedingungen zu schaffen, Zuversicht zu verbreiten oder Orientierung zu geben.

Innere Konflikte sind Auslöser:

- Die eigenen Reaktionen wirken kontraproduktiv und bringen nicht das gewünschte Ergebnis.

Den »Beobachter« einschalten

Die Arbeit im Coaching kann diese Problemauslöser schwächen oder umfunktionieren. Dazu schalten wir einen »Beobachter« ein, der mit einer gewissen Distanz und wertschätzend beobachtet, was ist. Eine solche ungewohnte Form der Wahrnehmung fällt den wenigsten Menschen auf Anhieb leicht.

Eine Klientin berichtet über Schwierigkeiten in gefühlsmäßig belasteten Situationen. Es belastet sie, dass nicht unwillkürlich der Reflex »weg vom Unwohlsein« anspringt. Mit der Zeit geht es leichter, und sie kann Gedanken und Gefühle wahrnehmen:

»Aha, jetzt kommt dieser Gedanke: Ich bin nicht gut genug;

jetzt empfinde ich eine Enge in der Brust;

jetzt kommt dieser Impuls, aus dem Kontakt zu flüchten;

jetzt kann ich entscheiden, ob ich flüchten oder forschen möchte.«

Frau C. beschreibt ihre Erfahrungen, wie ihr »Beobachter« in einer Teamsituation wirkt:

»Der Beobachter steht neben mir. Er sorgt dafür, dass ich mich weniger identifiziere. Er beobachtet die Situation ganz sachlich: ›Die Kollegen ziehen sich gerade wieder aus der gemeinsamen Arbeit raus.‹ Und dann beobachtet er, wie ich reagiere. Vielleicht rege ich mich auf, vielleicht lass ich es auch …«

Diese Wahlmöglichkeit nutzen zu können empfindet sie für sich als großes Erfolgserlebnis und als Erleichterung.

Wenn wir uns Dinge bewusst machen, können sie verändert werden, weil wir sie nicht mehr nur rein gewohnheitsmäßig tun (Reddemann 2013, S. 64).

5.2 Gedankenmuster erkennen und Teufelskreise durchbrechen

Die erste Aufgabe für den »Beobachter« ist, Gedankenmuster zu identifizieren und ihre Wirkung zu überprüfen

(Kaltwasser 2010, S. 111). Das Ziel ist schließlich, realistisch zu sehen, »was ist«, eventuelle Teufelskreise zu identifizieren und Veränderungen zu initiieren, die die eigene Wirksamkeit erhöhen. Immer geht es darum, eigene Fähigkeiten und Stärken sowie Erfahrungen aus anderen Kontexten nutzbar zu machen.

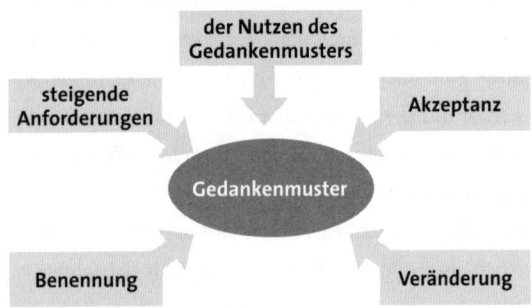

Abb. 8: Die Arbeit mit dem inneren Beobachter – von der Benennung eines störenden Gedankenmusters bis zur Veränderung

- Wir erleben, dass aus einer wertschätzenden, distanzierten Wahrnehmung und der Benennung dessen, »was ist«, Stresspunkte bereits an Macht verlieren.
- Wir finden wirksame Lösungsmuster, die wir aus anderen Kontexten kennen.

- Wir probieren alternative Sichtweisen.
- Wir finden schließlich auch Vorteile, die wir in der Auseinandersetzung mit unseren Stresssituationen gewinnen, und erkennen persönliche Stärken, die wir daraus bereits entwickelt haben.

Frau C. hat das Ziel, in ihrer Schule die Zusammenarbeit im Jahrgangsteam zu verbessern. Dabei geht es ihr darum, eigenes Denken und Verhalten, das sie als störend erlebt, zu verändern:

>*Ich möchte lernen, dass ich von meinen Zielen loslassen kann und ich mich nicht mit meinen Vorstellungen, wie es sein soll, so stark identifiziere … Ich laufe Idealen hinterher, die in so einem System nur schwer zu verwirklichen sind.«*

Perfektionistische Gedanken stehen im Wege:

>*Es wird auf den Knopf gedrückt und du legst los: Diese Kritik an Dingen oder Personen und der Gedanke, dass man es noch besser machen könnte. Das ist wie ein roter Faden in meinem Leben, sehr kritisch und genau hinzugucken. Das geht bis zur Kritiksucht, dann stellt man sich selber ein Beinchen!«*

Perspektivwechsel zum Gegenteil und der Einsatz eines »Beobachters«

Wenn es einen An- und Ausschalter für Gedankenmuster gäbe, können Sie sich vorstellen, wie es wäre, wenn Ihr störendes Gedankenmuster komplett ausgeschaltet wäre? Was würden Sie anders denken, fühlen oder tun, wenn Sie vom genauen Gegenteil überzeugt wären? (O'Connor u. Seymour 1997, S. 278)

Frau C. benennt ihr persönliches Gegenteil des Perfektionismus: das »Loslassen«. Bis zum nächsten Gespräch erhält sie eine Aufgabe. Der »Beobachter« – den sie im Vorfeld bereits eingeübt hatte – erhält dazu eine Anregung (Reddemann 2013, S. 64):

> *»Machen Sie täglich Ihre Beobachtungen und arbeiten mit Strichlisten. Nutzen Sie zwei Spalten. In der einen Spalte machen Sie immer dann einen Strich, wenn Sie perfektionistisch denken, in der anderen, wenn Sie loslassend denken. Beobachten Sie, was sich im Zeitraum verändert – aber, wie immer, beobachten Sie möglichst liebevoll und wertfrei. Wir wollen diese Strichliste nach circa drei Wochen gemeinsam ansehen.«*

Frau C. berichtet anschließend über Ihre Erfahrungen. Sie konnte ihre Aufmerksamkeit immer besser lenken.

>»Mir ist bereits nach zwei Tagen klar geworden, wie oft dieser Perfektionismus aktiv wird: Situationen, wo ich negativ bin, wo ich perfektionistisch das Letzte auch noch haben will. Mit der Zeit gab es aber immer mehr solche Gedanken, dass ich loslassen konnte. Ich denke dann: ›Jetzt fängst du wieder an rumzukritisieren. Du könntest jetzt auch mal einen Punkt machen.‹ Ich kann auch loben. Ich denke, dass Perfektionismus ein Spezifikum bei Lehrern ist. Die Situationen des Loslassens haben aber eindeutig im Laufe der drei Wochen zugenommen. Einfach, weil ich darauf aufmerksam war! Es war in meinem Bewusstsein …*

Im Laufe der Zeit entstand in den Situationen (mit perfektionistischen Gedanken) bei mir innerlich nur ein ›Aha!‹ – das genügte, dass sich etwas veränderte. Ich war erstaunt, wie viele Situationen sich im Laufe eines Schulvormittags ergaben. Es gab unendlich viele Situationen, wo ich innerlich auch so ein kleines Loslassen dabei bemerkte. Das habe ich als Erfolgserlebnis empfunden. Ich konnte zufriedener sein. Ich habe

*auch schon mal gedacht: ›Das ist jetzt nicht mehr dei-
ne Verantwortung, du hast dein Bestes gegeben und
jetzt ist gut.‹ Wenn ich diesem Perfektionismus hinter-
herhechele, das schluckt sehr viel Energie, das kommt
mir jetzt wie ein Hamsterrad vor. Das Loslassen war
ganz anders: Die Anstrengung war vorbei und es war
wieder Energie da für etwas Neues. Das war toll!«*

Auswirkungen und zukünftige Chancen
Welche Chancen können sich für die zukünftige Arbeit
ergeben?

*»Ich glaube, dass ich schneller über Fehler hinweggu-
cken kann, sodass ich die positiven Seiten wahrnehmen
kann. Der Kontakt ist dann ein besserer, wenn andere
sich nicht kritisiert fühlen. Das empfinde ich selbst auch
als leichter und es macht meinen Blick weiter. Denn
sonst habe ich bestimmte Vorstellungen, wie das zu sein
hat. So bin ich offener für andere Ideen. Ich lasse den
anderen die Verantwortung, wenn ich sage: ›Ich hätte
es zwar anders gemacht, und ihr macht es eben so‹ …«*

Die neuen Möglichkeiten werden auch in einer Team-
sitzung eingesetzt. Frau C. möchte sich für ihre Werte

engagieren und Kritisches konstruktiv ansprechen. Ihre Chancen beschreibt sie so:

>*... Kritik darf nicht aus der Ebene kommen, wo ich mich furchtbar aufrege und ›du Blödmann‹ denke oder: ›Jeder MUSS mitmachen!‹ Dann gehen die anderen in eine Abwehrhaltung.*«

Deshalb möchte sie sich zurückhalten, wenn diese Emotionen stark sind.

>*Ich kann aber sagen, was mich stört, und mit einer Portion Gelassenheit kommt es aus einer anderen Ebene.*«

Sie erkennt erweiterte Möglichkeiten, um positiven Einfluss auf die Teamarbeit zu nehmen und selbst zufriedener zu werden.

Übung zur Reflexion:
Gedankenmuster ins Bewusstsein holen und überprüfen

Nehmen Sie sich für die Übung ca. 20 Minuten Zeit.

Wenn Sie an eine (problematische) Situation denken, in der Sie das Gefühl haben, sich selber Stolpersteine in den Weg zu legen, in der Sie Ihr Denken oder Ihr Verhalten gern verändern würden:

Welche Gedanken sind mit dieser Situation verbunden?

Was sagen Sie in der Situation zu sich selbst?

- Sammeln Sie zunächst fünf Minuten lang Sätze, die Ihnen spontan einfallen. Halten Sie unbedingt die Zeit ein und schreiben alle Gedanken auf, die Ihnen einfallen, ohne sie zu bewerten oder auszusortieren.

- Wählen Sie nun einen Satz oder eine Überzeugung aus, die – in Bezug auf die Situation – besonders großen Einfluss auf Sie hat. Schreiben Sie dies auf eine Karte.

Ist diese Überzeugung realistisch – auf dem Hintergrund all Ihrer heutigen Erfahrungen und Ihres Wissens?

Hilft Ihnen diese Überzeugung, Ihre Ziele zu erreichen?

- Wenn Sie eine der Fragen verneinen, sollten Sie überlegen, ob Sie Ihr Muster verändern wollen und arbeiten weiter:

- Wie würde sich das genaue Gegenteil Ihrer Überzeugung anhören? Probieren Sie die Wirkungen der neuen Sätze als Gedankenspiel aus.

- Finden Sie nun einen neuen Satz, der realistisch und nützlicher für Ihre Situation ist. Schreiben Sie diesen Satz auf eine Karte. Nehmen Sie sie mit in Ihren Alltag und probieren Sie aus, wie es Ihnen damit geht.

5.3 Perspektivwechsel: Welche starken Seiten verbergen sich hinter den Stresspunkten?

Welche Vorteile hat Ihr Perfektionismus?

Frau C antwortet:

> »… in dem Beispiel hat er keine Vorteile, ich sehe keine. Ich glaube, reiner Perfektionismus hat nie Vorteile … Genauigkeit ist ein viel besseres Wort! Dazu kommt die Motivation, es gut zu machen. Wenn ich z. B. mit Schülern Theateraufführungen einübe, ist es mir wichtig, dass es relativ perfekt ist. Die Schüler brauchen ein Gefühl dafür, dass das, was sie da tun, auch richtig gut ist. Dann entsteht Motivation für eine gute Leistung und da setze ich relativ hoch an. Das Problem ist meiner Meinung nach häufig, dass zu niedrige Ziele gesetzt werden. Ich sehe, dass Lehrer die Ziele immer weiter runtersetzen, und dass dann auch die Leistungen sinken. Ich finde aber, dass man Schülern damit keinen Gefallen tut … Ich finde tatsächlich, durch meine Mischung aus Perfektionismus und Loslassen entsteht eine sehr positive Struktur! Schüler können sich gut darauf einlassen.«

Es geht darum, Werte in ihrer Bedeutung für sich selbst und für andere zu würdigen. Frau C. beschreibt, dass sich das Gedankenmuster des Perfektionismus wie ein roter Faden durch Ihr Leben zeiht. Daraus sind Kompetenzen entstanden. Genauigkeit ist z. B. für die Schüler sehr wertvoll. Wenn dieser positive Kern gewürdigt wird, entsteht Akzeptanz. Das ist eine wichtige Voraussetzung dafür, die negative Seite – die meist in einer einseitigen Übertreibung liegt – irgendwann zu mildern oder aufgeben zu können.

Der Blick erweitert sich, und Veränderungen werden möglich, die sich – in Bezug auf unsere Ziele und Werte – als wirksamer und nützlicher erweisen. Im Coaching gibt es besonders schöne Momente, wenn Klienten feststellen, dass ihnen alle Qualitäten, die nötig sind, bereits zur Verfügung stehen. Das Gegenüberstellen und Beobachten der zwei konträren Pole lässt ein reiches Spektrum an Qualitäten erfahrbar werden. Das ist der Punkt, an dem der Weg zum Ziel spürbar leichter wird.

Frau A. hatte für ihr Ziel, Ihre Beratungstätigkeit auszubauen, einen konkreten Maßnahmenplan mit dem Häusermodell erarbeitet (s. Kap. 4). Sie erkennt dabei, dass sie häufig durch ihren Zweifel geschwächt und blockiert wird. Erlebt sie Situationen als unsicher, hat sie das Gefühl, dass sie etwas nicht gut genug macht, dass sie nicht kompetent genug ist oder dass sie an der Stelle falsch liegt. Als ihr persönliches Gegenteil benennt sie die Qualität des »Ankommens«. Wenn sie sich angekommen fühlt, erlebt sie Sicherheit, Kompetenz und Akzeptanz. Auch Frau A. setzt den »Beobachter« ein.

Coaching: Perspektivwechsel –
Gedankenmuster verändern

COACH: Hat dieser Selbstzweifel eigentlich auch einen Nutzen?

FRAU A.: Nein, damit mache ich mich selbst runter, ich sehe alle anderen, die es gut machen und ich kann es nicht … (Nach weiterem Überlegen) Aus meiner Geschichte weiß ich aber auch, dass das ein Motor sein kann: Ich will es anderen und mir selbst beweisen, dass ich es doch kann. So habe ich das Abitur geschafft! … Es entsteht eine besondere Kraft: Ich will dazugehören, anerkannt werden. Dann meldet sich Zweifel: Es kann sein, dass ich es nicht gut hinkriege. Von diesen Gedanken lasse ich mich schon mal erdrücken. Wenn ich gut drauf bin, kann ich damit umgehen. Es könnte aber auch zu diesem anderen Pol tendieren. Aber zu sehen, dass da beide Seiten drin sind, das gefällt mir jetzt gut!

COACH: Was sind für Sie Tankstellen für den starken Pol?

FRAU A.: Tankstellen sind für mich Situationen, wo ich schon etwas mitbringe, ich bringe eine gute Energie mit ... Das Ausgeruhtsein, Dinge nicht in Hektik machen, mir den Zeitplan entspannter zu machen ... Zum Beispiel morgens müsste ich tatsächlich nur fünf Minuten eher losgehen, das würde schon einen großen Unterschied machen ... Das will ich mir vornehmen! ...

COACH: Was hat sich verändert, als Sie den »Beobachter« eingeschaltet haben?

FRAU A.: Wir hatten das im vorigen Gespräch auf den Punkt gebracht: Zweifel und Ankommen! Ich weiß erst einmal, da fühle ich mich angekommen, das ist gut für mich. Dann glaube ich, dass sich das weiterhin, lang- und mittelfristig auswirken wird. Ich kann es mehr bewusst steuern. Ich finde positiv, dass mir so viele schöne Situationen des Ankommens aufgefallen sind! Das habe ich dann noch mal erlebt, und das hat gutgetan!

Coaching: Mit Stress auslösenden Situationen anders umgehen

Frau A. berichtet von einer Unterrichtssituation, in der sie meinte, sie habe den Stoff nicht gut genug vorbereitet, den Schülern nicht genug Orientierung gegeben, sie habe die Schüler »in die Wüste« geschickt.

COACH: Wie zeigt sich in dieser Situation der Unsicherheit Ihr Zweifel?

FRAU A.: Ich fühle mich ein bisschen schwitzig. Ich habe der Klasse dann gleich versichert, dass ich beim nächsten Mal etwas mitbringen würde, sodass alles klarer wird …

COACH: Hätte diese Situation der Unsicherheit eigentlich auch nützlich sein können?

FRAU A.: Das ist schwer, ich sehe den Nährwert nicht. Es macht mir nur Stress … (Nach weiterem Nachdenken) Es lässt eine gewisse Offenheit. Ich könnte sagen, ich lasse den Schülern Raum, dass sie was selbst entwickeln, das könnte der Nutzen sein!

COACH: Dann sagen die Schüler: »Was sollen wir denn jetzt eigentlich machen?« Und Sie sagen: »Super Frage!«?

FRAU A.: Genau! Ich aktiviere die Schüler. Natürlich will ich auch nicht, dass sie im Nebel stochern … Aber es (das

Chaos) könnte ein Nutzen sein, es kann etwas Produktives entstehen, … dass ich mit den Schülern in einen Austausch komme. Es ist eine offene Situation, in der etwas wirklich Neues entsteht, das ist eigentlich superspannend. Das stimmt, das habe ich auch schon erlebt, … dann lass ich die Schüler nachdenken, dann erfahre ich mehr über die Schüler …Hinterher kann ich es dann wieder bewerten oder auf die Unterrichtsinhalte zurückführen. Ich könnte dann z. B. ein Schaubild vorbereiten, sodass man Zusammenhänge sehen kann. So kann ich das gut leiten … Mein Traum wäre, dass Schüler selbst Verbindungen finden und dass die Unterrichtsthemen nicht so häppchenmäßig verstanden werden.

COACH: Unsicherheit zulassen, das ist ein Vorteil, wenn man es kann! Da ist es auch von Vorteil, wenn man Experte für Zweifel und Unsicherheit ist und dadurch einige Kompetenzen dazu gesammelt hat, Orientierung zu schaffen?

FRAU A.: (lacht) Ja, das kann sein. Der spontanen Stimmung in der Klasse nachgehen, das kann ich ganz gut. Das setzt voraus, dass ich später dafür sorge, dass es übersichtlich bleibt. Damit habe ich schon gute Erfahrungen gemacht.

5.4 Fünf Perspektiven einer Konfliktanalyse und ein Praxisbeispiel

Frau B. entscheidet sich, zunächst den Konflikt anzuschauen, den sie mit ihrer Kollegin (Frau K.) hat. Sie glaubte, in diesem Konflikt einen zentralen Punkt zu identifizieren, der ihr auf ihrem Weg zu mehr Leichtigkeit und Entlastung ein Weiterkommen ermöglichen würde. Frau B. zeichnet sich durch eine sehr sensible Innenwahrnehmung aus und empfindet die Unstimmigkeiten und Spannungen als besonders belastend. Im Coaching möchte sie sich das einmal von außen ansehen.

Je wichtiger die Klärung eines Konflikts für die persönliche Zufriedenheit ist, desto gründlicher sollte man ihn analysieren. Im Alltag machen wir uns selten die Mühe zu klären, worum es bei einem Konflikt wirklich geht. Über Lösungen entscheiden wir meist spontan und unreflektiert (Fischer-Epe 2010, S. 180).

Wir bearbeiten den Konflikt von Frau B. und ihrer Kollegin (Frau K.) im Coaching und analysieren aus fünf unterschiedlichen Positionen. Dabei nutzen wir Stühle und Karten für die Positionen (Meyer u. Stender 1995, S. 113).

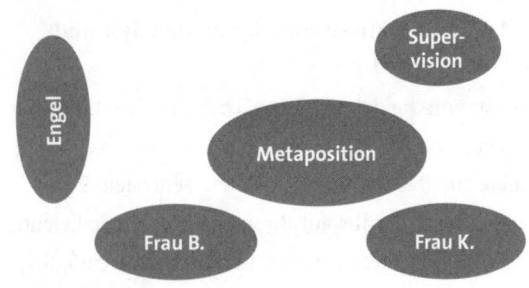

Abb. 9: Fünf Perspektiven einer Konfliktanalyse

1. Selbstklärung

Visualisieren Sie die Person gegenüber. Benennen Sie die Merkmale, die die Kommunikation für Sie schwierig machen.

FRAU B.: Dieses Thema mit K. schleppe ich schon seit Jahren mit mir rum. Ich habe auch schon ein paar Mal daran gearbeitet. Ich rassel da immer wieder in irgendwas rein ... Im Moment habe ich das Bild von einem Schiff, wie K. durch die Klasse gondelt. Sie geht in Kontakt mit den Schülern und irgendwas daran stört mich. Ihre Grundstruktur ist: Das mache ich hier jetzt so, wie ich es für richtig halte. Sie fragt nicht nach, agiert einfach ... Wir scheinen unterschiedliche Naturelle zu sein, ich kann es jetzt nicht so genau benennen. Ich fühle mich eigentlich oft ein bisschen von ihr belächelt.

2. Metaposition zu sich selbst – eigene Motivation und Absichten

Als persönlicher Vertrauter oder Engel, der Sie schon immer sehr gut kennt, Ihre Motivation und Absichten kennt – wie würden Sie aus dieser Position Ihr eigenes Verhalten beschreiben?

FRAU B. (ALS ENGEL): B. ist verunsichert in der Selbstverständlichkeit, wie sie Dinge tut. Wenn sie weiß, was sie will, ist sie sehr klar, spricht Dinge an. Wenn sie verunsichert ist, da ist sie öfter zögerlich … Sie kann dieses Gefühl der Unsicherheit ruhig einmal näher anschauen. Vielleicht ist es so, dass sie einen bestimmten Schmerz nicht an sich ranlässt.

3. Die andere Position – Einfühlung

Versuchen Sie, die Körperhaltung und Gestik des anderen zu übernehmen. Wie beurteilen Sie als K. das Verhalten Ihres Gegenübers?

FRAU B. (ALS K. ÜBER SICH SELBST): Am Anfang hat sie mich erschlagen. Da war ich neu und verunsichert. Ich bin auch jetzt immer wieder von ihr verunsichert, wenn sie so skeptisch guckt. Ich sehe, dass sie sich immer neue Aufgaben sucht, immer neue Ideen hat. Sie ist nach wie vor sehr engagiert. Ich merke aber auch eine gewisse Müdigkeit. Ich selbst mache das, was ich mit ihr abgesprochen habe oder was ich für richtig halte. Da gibt es immer mal wieder Reibereien. Ich beobachte dann, dass etwas in ihr arbeitet, aber sie kommt damit nicht rüber. Das kommt dann an anderer Stelle raus. Dann entsteht schlechte Stimmung … Ihre Ziele sind nicht unbedingt meine Ziele. Ihr ist eine einheitliche Linie wichtig. Damit ist sie schon mal vehement und setzt es auch durch.

4. Metaposition – die Interaktionsmuster
Stellen Sie sich vor, Sie nehmen die Interaktion der Beteiligten wie eine Kamera von außen wahr, ganz neutral. Was fällt Ihnen auf? Erkennen Sie eine Dynamik, vielleicht gibt es auch so etwas wie ein Pingpong-Spiel zwischen den beiden?

Da treffen zwei Welten aufeinander. Die eine, die zu großer Aktivität neigt. Die andere gondelt so vor sich hin, sie zerbricht sich über viele Dinge nicht groß den Kopf. Stellt nicht so viel infrage. Auch optisch sind die beiden unterschiedlich (lacht). Groß und schlank – klein und pummelig.

COACH: Mir fällt die Leichtigkeit ein, die sich B. zum Ziel gemacht hat.

FRAU B. AUF DER METAPOSITION: Ja, das wird mir klar, dass Leichtigkeit auf der Seite von K. vorhanden ist. K. legt sich nicht so fest, das Bild des Schiffes, Dinge einfach ausprobieren. Sie reagiert eher auf andere ... B. müsste vermitteln können, was die Motivation hinter ihrem Verhalten ist – nämlich, eine gute Struktur zu schaffen. B. möchte richtig gesehen und verstanden werden. Sie möchte mehr Austausch.

5. Supervision mit Blick auf die Metaposition – Lösungen und Ressourcen
Was fällt Ihnen darüber auf, wie die Betrachterin von der Metaebene die Interaktion beurteilt hat? Was möchten Sie – aus Ihrer Position noch reinbringen? Was würde einer Lösung guttun?

FRAU B. ALS SUPERVISORIN: Es würde den beiden Kolleginnen guttun zu erkennen, was ihnen selber fehlt. Und dann den anderen wertschätzen, auch die Anteile, die sie an sich selbst vermissen. Dass sie das an sich ranlassen und aufnehmen und für sich selber nutzen können. Den anderen wertschätzen!

Frau B. nimmt noch einmal – in umgekehrter Reihenfolge – alle Positionen ein und nimmt die »Wertschätzung« mit. Dabei spürt sie deutlich, welchen Nutzen diese Lösung hat: Es fällt Druck weg.

»Jetzt kann ich mich auf das Wesentliche konzentrieren. Es ist alles ruhiger. Es wird nicht ständig etwas aufgewirbelt. Ich bin jetzt mehr dabei, was ich wirklich will!«

Mit dem Verständnis ändern sich ihre Einstellung zum Konflikt und ihre Haltung der Kollegin gegenüber. Sie möchte auf ihrem Weg mehr Leichtigkeit erreichen und entdeckt solche Qualitäten bei ihrer Kollegin. Sie entdeckt weitere eigene Anteile, als sie auf dem Stuhl der Kollegin sitzt. Ein Konflikt kann darin begründet sein, dass wir unbewusst eigene Anteile in der anderen Person erkennen, die wir an uns selbst wegdrängen (Kast 2010).

Im folgenden Gespräch beschreibt Frau B. die Auswirkungen: »Als ich auf dem Stuhl von Frau K. saß, war die Erkenntnis das Verblüffende, dass da auch ein Stück von mir selbst war.« Im alltäglichen Kontakt mit der Kollegin ist dann etwas entstanden, »das die Ecken mildert«. Wichtige Absprachen sind einfacher und angenehmer möglich.

Frau B. kann mit der Konfliktanalyse auch ein persönliches Hindernis bearbeiten. Sie kann eigene Anteile – die Leichtigkeit – versöhnlich annehmen und nutzen.

In anderen Fällen, in denen Konflikte analysiert werden, kann es sinnvoll sein, an dieser Stelle den Lösungsweg über eine direkte Auseinandersetzung zu wählen und ein konstruktives Gespräch vorzubereiten. Es kann im Einzelfall auch vorkommen, dass keine weitere Energie mehr in den Konflikt fließen soll und dass der Weg einer Distanzierung besprochen wird. Im Coaching ist es bei der Bearbeitung von Konflikten immer ein wichtiges Ziel, konfliktbesetzte Dinge so ansprechen und lösen zu können, dass andere dabei nicht in ihrer Person entwertet oder beschädigt werden.

6 Bilanzieren und reflektieren: So bleibe ich am Ball

Zum Abschluss des Coachingprozesses bilanzieren wir. Indem wir das Erreichte würdigen und – auch die kleinen – Veränderungen wahrnehmen, können die neuen Kompetenzen stärker im Alltag verankert werden. Wir reflektieren, welche persönlichen Methoden gut funktionieren, sodass wir in den entsprechenden Situationen darauf zurückgreifen können. Wir nehmen auch die kleinen Veränderungen wahr und erkennen, was sie bewirkt haben.

- Über welche Veränderungen freue ich mich am meisten?
- Was hat mich vor allem unterstützt? – Wer hat mich unterstützt?
- Welche Methoden habe ich bei Schwierigkeiten erfolgreich angewendet?

6.1 Die Sicht der anderen nutzen

Feedback von außen unterstützt die Reflexion: ein offenes Ohr haben und neugierig sein auf die Wahrnehmung von anderen. In der Zweiersituation im Coaching stellen wir hypothetische Fragen: Was glauben Sie, würden andere Personen sagen, die ihre Entwicklung der letzten

Zeit beobachten konnten? Was glauben Sie, über welche Veränderungen freuen sich andere am meisten?

Frau B. beantwortet die Frage aus drei Perspektiven:

- Was würde Ihr Mann wohl jetzt sagen?

  »Dass es jetzt umgekehrt ist, er ist gerade angespannter als ich.«

- Was würde Ihre Kollegin sagen?

  »Sie würde sagen, dass ich sehr viel gelassener bin.«

- Was würden die Schüler sagen?

  »Ich bin diejenige, die öfter die Einhaltung von Regeln einfordert. Bei Klasse 7 oder 8 wäre das tatsächlich heikel, da müsste ich noch etwas verändern. Die Schüler aus meiner Klasse 5 finden das okay so, wie ich es jetzt mache.«

6.2 Weiter am Ball bleiben

Wie geht es nach dem Coaching weiter und wie kann ich am Ball bleiben? Die Lerntreppe (s. Kap. 1) zeigt modellhaft, wie Entwicklung geschieht und wie Chancen für die Weiterentwicklung genutzt werden können. Mit neuen Kompetenzen bewegen wir uns auf einer neuen Stufe. Nach einiger Zeit werden wir wieder vor einer Stufe stehen, die uns herausfordern wird. Dann können wir die persönlichen Methoden, die wir entwickelt haben, wieder nutzen, die Situation erforschen, Chancen aktiv entdecken und nutzen:

- Welches ist der Entwicklungsschritt, der jetzt von mir gefordert wird?
- Wir können uns zu einem Entwicklungsschritt entschließen oder aber entscheiden, dass wir bei unseren Routinen bleiben wollen.
- Bei einer Veränderung: Welche Erfahrungen und Kompetenzen kann ich aus früheren, ähnlichen Erfahrungen nutzen?
- Was will ich auf einer höheren Stufe erreichen? Mit einem starken Wunschbild kann ich mich auf die anstehenden Aufgaben konzentrieren.
- Auf meinem Weg bin ich offen für neue Erfahrungen, lasse mich ein und freue mich über Erfolge.
- Ich reflektiere meine Erfahrungen und kann umsteuern, wenn ich z. B. erkenne, dass Denk- und Verhaltensweisen nicht nützlich sind.
- Die eigenen Maßstäbe und Feedback von außen zeigen, ob die Sache gut läuft.

6.3 Unorthodoxe Empfehlungen

Ibarra empfiehlt mit Ihrer Strategie »test-and-learn«, flexibel zu sein und viele kleine Schritte zu machen sowie nach dem Handeln zu reflektieren (Rappe-Giesecke 2008, S. 318).

Wenn du einmal nicht weiter weißt, gibt sie diese Empfehlungen:

- Suche nach Menschen, die das verwirklicht haben, was du anstrebst. Entdecke, wie sie es geschafft haben.
- Nimm eine Auszeit und guck dir deine Situation von außen an.
- Erzähle deine Geschichte verschiedenen Leuten und höre dir dabei zu, wie sich deine Geschichte verändert.
- Gelegenheiten kommen und gehen. Entscheide dich, sie zu ergreifen oder auf deine Routinen zu setzen, wenn du nicht bereit bist.

Mit diesen Anregungen, Neues auszuprobieren und das zu nutzen, was Sie persönlich am besten unterstützt, soll dieser *Spickzettel* schließen. Ihnen viel Erfolg für eine bessere School-Life-Balance und für mehr Flow im Lehrerberuf!

Literatur

Bamberger, G. G. (2010): Lösungsorientierte Beratung. Weinheim (Beltz).

Bauer, J. (2008): Lob der Schule. München (Heyne).

Bauer, J. (2013): Arbeit, warum unser Glück von ihr abhängt und wie sie uns krank macht. München (Karl Blessing).

Biermann, C. (2007): Wie kommt Neues in die Schule? Weinheim/ München (Juventa).

Buhren, C. G. u. H. G. Rolff (2009): Personalmanagement für die Schule. Weinheim/Basel (Beltz).

Csikszentmihalyi, M. (2012): Flow im Beruf. Stuttgart (Klett-Cotta).

Felten, M. (2011): Doch, er ist wichtig! Wie gut Kinder lernen, hängt vom Können des Lehrers ab. *Die Zeit* Nr. 45, 3. November 2011, S. 76.

Fischer-Epe, M. (2009): Coaching: Miteinander Ziele erreichen. Hamburg (Rowohlt).

Fischer-Epe, M. (2010): Selbstcoaching: Hintergrundwissen, Anregungen und Übungen zur persönlichen Entwicklung. Hamburg (Rowohlt).

Fritsch, G. R. (2010): Praktische Selbst-Empathie. Paderborn (Junfermann).

Fromm, M. (2007): Lerntreppe. In: C. Rauen (Hrsg.): Coaching Tools II. Bonn (ManagerSeminare).

Gesundheitsreport (2013): Berufstätigkeit, Ausbildung und Gesundheit. Verfügbar unter: http://www.tk.de/

centaurus/servlet/contentblob/516416/Datei/84352/
Gesundheitsreport-2013.pdf [24.6.2014].

Gesundheitsreport (2012): Mobilität, Flexibilität, Gesundheit.
Verfügbar unter: http://www.tk.de/centaurus/servlet/
contentblob/457490/Datei/124424/Gesundheitsreport%202012.
pdf [24.6.2014].

Häusel, K.-G. (2005): Think Limbic! Freiburg (Haufe).

Hubrig, C. u. P. Herrmann (2010): Lösungen in der Schule.
Systemisches Denken in Unterricht, Beratung und
Schulentwicklung. Heidelberg (Carl-Auer), 3. Aufl.

Jackson, P. Z. (2008): Der Skalen-Spaziergang. In: P. Röhrig (Hrsg.):
Solutions Tools, Bonn (ManagerSeminare).

Jokisch, W. (20011): 2-er Set Fragen und Impulse zu Lebensmotiv
und Profession. Genius, Aying (Sennier GmbH).

Kaltwasser, V. (2010): Persönlichkeit und Präsenz. Achtsamkeit im
Lehrerberuf. Weinheim/Basel (Beltz).

Kast, V. (2010): Der Schatten in uns. München (dtv).

Kindl-Beilfuß, C. (2010): Fragen können wie Küsse schmecken.
Heidelberg (Carl-Auer).

Kauffeld, S. et al. (2009): Traum oder Alptraum: Zusammenarbeit
in Projektteams. In: M. Wastian, I. Braumandl u. L. von
Rosenstiel (Hrsg): Angewandte Psychologie für das
Projektmanagement. Heidelberg (Springer Medizin).

Landmann, M. (2008): Entspannt durch den Schulalltag. Göttingen
(Vandenhoeck & Ruprecht).

Meyer, A. u. J. Stender (1995): Systemisches NLP. Paderborn
(Junfermann).

O'Connor, J. u. J. Seymour (1997): Neurolinguistisches Programmieren: Gelungene Kommunikation und persönliche Entfaltung. Freiburg (VAK).

Rappe-Giesecke, K. (2008): Triadische Karriereberatung. Bergisch Gladbach (Andreas Kolhage).

Reddemann, L. (2013): Eine Reise von 1.000 Meilen beginnt mit dem ersten Schritt. Freiburg (Herder).

Scharmer, C. O. (2009): Theorie U – Von der Zukunft her führen. Heidelberg (Carl-Auer).

Schein, E. (2005): Handbuch. Karriereanker. Die verborgenen Muster in Ihrer beruflichen Entwicklung. Darmstadt (Lanzenberger, Dr. Looss, Stadelmann).

Schmidt, G. (2012): Problemauslöser nutzbar machen für zieldienliche Kompetenzaktivierung. In: C. Rauen (Hrsg.): Coaching Tools III. Bonn (ManagerSeminare).

Schmidt-Tanger, M. (1998): Veränderungscoaching. Kompetent verändern. Paderborn (Junfermann).

Watzlawick, P. (2006): Anleitung zum Unglücklichsein. Vom Schlechten des Guten. München (Piper).

Über die Autorin

Gabriele Warkus, Diplom-Ökonomin, Studium der Wirtschaftswissenschaften mit den Schwerpunkten Personal und Organisation; Ausbildung als Systemischer Businesscoach und als Trainerin; Weiterbildungen: NLP, Gewaltfreie Kommunikation; langjährige Tätigkeit in Personal- und Organisationsberatung, 2008 Mitgründerin von iMpuls Beratung.

Arbeitsschwerpunkte: Systemisches Lehrercoaching, Karrierecoaching, Gesundheitscoaching, Teamcoaching; Organisationsberatung im Bildungsbereich.

Kontakt: *www.im-puls-beratung.de*

Diederika Forster | Ulrike Waterkamp

Systemisch Denken –
Schule erfolgreich leiten

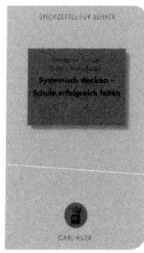

101 Seiten, Kt, 2014
ISBN 978-3-8497-0023-2

Personalmangel, Schulreformen, persönliche Konflikte – Schulleiter stehen jeden Tag vor komplexen organisatorischen und pädagogischen Herausforderungen. Wie sie bewältigt werden, hängt davon ab, worauf sich die Aufmerksamkeit richtet. Wer sich auf das Problem konzentriert, gerät leicht in dessen Sog und fühlt sich überlastet. Wo es dagegen gelingt, ein Problem aus systemischer Sicht zu lesen, zeigen sich fast automatisch auch Potenziale und Entwicklungsmöglichkeiten.

Systemisch führen bedeutet, konsequent aus einer lösungs- und ressourcenorientierten Haltung heraus zu handeln. Wie man diese findet und behält, demonstrieren Diederika Forster und Ulrike Waterkamp an typischen „Knotenpunkten" im Alltag von Schulleitern wie Personalführung, Beratung, Zeit- und Konfliktmanagement. Systemische Grundlagen und Methoden vermittelt das Buch auch in Übungen und Materialien.

Carl-Auer Verlag • www.carl-auer.de

Anton Hergenhan

Keine Beleidigungen mehr!

Respektvolles Miteinander im Unterricht

107 Seiten, Kt, 2014
ISBN 978-3-8497-0021-8

„Machen Sie doch Ihren Scheiß selber, Sie blöde Kuh!" – Als Lehrkraft muss man damit rechnen, im Unterricht beleidigt zu werden. Niemand will in solchen Situationen hilflos erscheinen. Aber wie verhält man sich souverän und behält die Situation im Griff?

Anton Hergenhan stellt diese Szene verbaler Aggression in den Mittelpunkt seines „Spickzettels für Lehrer" und illustriert daran sein strukturiertes Reaktionsprogramm. In sechs Kapiteln zu den Themen Präsenz, Führung, Lob, Ärger, Lösung und Kontext wird jenes systemische Know-how lebendig, das sich im Umgang mit verhaltensauffälligen Kindern hervorragend bewährt hat. Es kann formal und inhaltlich an die jeweilige Situation und an das Alter der Schüler angepasst werden.

Das Buch ist von unerschütterlichem Optimismus durchsetzt. Seine Vorschläge ermöglichen es Pädagogen, sich mit nachhaltigem Erfolg gegen Beleidigungen zur Wehr zu setzen und die Beziehung zu ihren Schülern positiv zu gestalten.

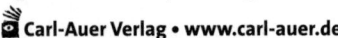

Carl-Auer Verlag • www.carl-auer.de

Jürgen Pfannmöller

Der systemische Lehrer

Ressourcen nutzen, Lösungen finden

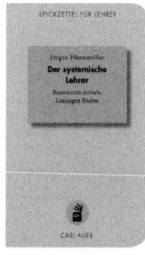

96 Seiten, Kt, 2013
ISBN 978-3-8497-0012-6

Jürgen Pfannmöller zeigt am Beispiel typischer Schulsituationen, wie Probleme entstehen — und wie eine veränderte Haltung neue Handlungsmöglichkeiten eröffnet. Selbst erfahrener Pädagoge, beschreibt er, wie sich mit einer geeigneten Fragehaltung Problemkonstruktionen aufspüren lassen, wie Muster unterbrochen werden können oder wie man sich aus Verstrickungen löst.

In kleinen Geschichten aus dem Blickwinkel eines Ich-Erzählers stellt Pfannmöller systemisches Denken und Handeln praxisnah vor und zeigt, wie es sich im Unterricht, in Beratungssituationen oder auch mal „zwischen Tür und Angel" nutzen lässt.

„Ein hervorragender ‚Spicker', den man gut und gerne nutzen wird. Er hilft, den jungen Menschen in der Schule mit einer gesunden, wertschätzenden Haltung gegenüberzutreten. Entlastung für den Schulalltag ist hier garantiert möglich."   Detlef Rüsch, Jugendsozialarbeiter an Schulen

Carl-Auer Verlag • www.carl-auer.de

Gesa Staake

Motiviert in den Unterricht

Wie systemisches Denken und Handeln den Schulalltag erleichtert

96 Seiten, Kt, 2013
ISBN 978-3-8497-0014-0

„Man kann das Pferd zum Wasser führen, aber man kann es nicht zum Trinken zwingen", soll Gregory Bateson gesagt haben. Bezogen auf den Schulalltag könnte das heißen: Ob die Schüler lernen oder nicht, ist deren eigene Entscheidung. Die Lehrenden können jedoch ihre Schüler „zum Wasser" führen.

Wie das für alle Seiten entspannt gehen kann, beschreibt Gesa Staake in diesem „Spickzettel für Lehrer". Sie betrachtet Unterricht als Kommunikation, in deren Verlauf Schüler eingeladen werden, Neues zu entdecken. Die Lehrenden bestimmen die Atmosphäre dieser Interaktion.

Als langjährige Beratungslehrerin kennt Gesa Staake diese Herausforderung aus verschiedenen Perspektiven. Anhand von typischen Situationen aus dem Schulalltag zeigt sie konkrete Wege auf, wie Lehrer ihren Unterricht motivierter, freudvoller und damit auch erfolgreicher gestalten können.

Carl-Auer Verlag • www.carl-auer.de

Saskia Erbring

Inklusion
ressourcenorientiert umsetzen

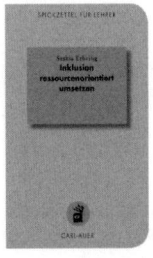

124 Seiten, Kt, 2014
ISBN 978-3-8497-0022-5

„In der Politik wird ‚Inklusion' als populärer Begriff gehandelt.
Im pädagogischen Alltag zeigt sie sich jedoch als Prozess, der die
Beteiligten vor unzählige kleine Situationen stellt, auf die sie mehr
oder – meist – weniger gut vorbereitet sind. Gut, wenn man dann
einen hilfreichen Begleiter dabei hat, der einen mit theoretisch
fundiertem Rüstzeug für kommunikatives Handeln versieht. Und
genau das bietet dieses Büchlein."   Arist von Schlippe,
Professor Priv. Universität Witten/Herdecke

„Für mich als Lehrerin ein unverzichtbarer Ratgeber auf dem Weg
von der ‚Problemtrance' zur Lösungsorientierung in inklusiven
Schulentwicklungsprozessen. Für mich als Wissenschaftlerin eine
gelungene Übersetzung von der Theorie in die Praxis."
Bettina Amrhein,
Vertr.-Professorin Universität Bielefeld

 Carl-Auer Verlag • www.carl-auer.de

Carl Auer

Das kleine Leerbuch

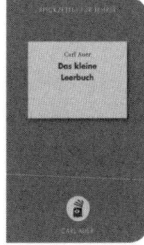

96 Seiten, Kt, 2013
GTIN 4260215850067

Ein Spickzettel mit den richtigen Informationen hat schon
manche bedeutende Situation entscheidend beeinflusst – in der
Prüfung, vor dem Elfmeter, auf der Pressekonferenz …

Wichtiger als das „Spicken" selbst ist dabei oft das Schreiben.
Was man aufgeschrieben hat, bleibt besser im Gedächtnis haf-
ten: der gute Vorsatz, der nicht nur bis Drei Könige halten soll, die
Lebensweisheit des pensionierten Kollegen, die Geschenkidee
für den nächsten Geburtstag, das interessante Urlaubsziel.

Das kleine Leerbuch nimmt aber auch ganz Praktisches auf:
Internetadressen, Telefonnummern, Tante Beates Geburtstag –
und wird so schnell zum zuverlässigen Begleiter, den man nicht
mehr missen möchte. Probieren Sie's aus!

🦫 **Carl-Auer Verlag • www.carl-auer.de**